KB095915

# 위기가 곧 기회다

**일러두기**

· 본문의 외래어 표기는 국립국어원 외래어 표기법에 준하였으나 운동법을 지칭하는 용어는
  관용적인 표현을 살렸습니다.
· 큐알코드와 함께 소개하는 영상 제목은 핏블리 유튜브 채널에 게시된 영상의 제목을 그대
  로 표기했습니다.

# 위기가 곧 기회다

핏블리(문석기) 지음

스토리베리 구성

STUDIO:ODR

# 코로나19가 낳은 괴물

동그랗고 노란 것이 든 박스를 열었다. 고칼로리 향이 났다. 먹지 않아도 맛있다는 걸 알 수 있었다. 사람들이 '치즈볼'이라고 부르는 것. 난생처음 먹어보는 음식이었다. 하나를 들어 입에 넣자 입안 가득 밀려들어 오는 진한 지이이이방의 맛. 눈이 감기고 콧구멍이 벌어지며 숨을 들이쉬고 내쉴 때마다 포화지방 맛이 느껴졌다.

"와, 진짜 맛있다!"

감탄사가 저절로 튀어나왔다. 먹기 전에는 맛에 대한 소감을 말하려고 했다. 하지만 아무 말도 할 수 없었다. 말로 표현할 수 없어서가 아니라 말이 필요 없었다. 치즈볼은 그저 감동이었다. 솔직히 고백하자면 눈물이 날 것 같았다.

'다른 사람들은 평소에 이런 걸 먹고 있구나!'

다이어트가 왜 힘든지 단박에 이해했다. 태어나서 처음 먹어보는 치즈볼은 충격 그 자체였다. 세상에 이런 음식이 존재하다니. 나는 지금까지 무엇을 먹으며 살아온 것인가. 뒤통수를 세게 얻어맞기라도 한 듯한 기분이었다. 조금의 일탈도 없이 100퍼센트 철저하게 식단을 관리하며 살아왔다고는 말할 수 없지만, 헬스 트레이닝의 세계에 입문한 후 나의 주식은 닭가슴살, 고구마, 단백질 셰이크였다. 먹어본 음식보다 못(안) 먹어본 음식이 많은 것이 당연했다. 음식을 먹을 땐 맛보다 칼로리를 먼저 생각했고, 군것질거리 등을 포함해 음식에 대한 욕망이 내게는 없다고 믿었다.

물론 나도 사람인지라 맛있는 것을 먹을 줄 알았다. 그러나 명색이 헬스 트레이너인데 다른 사람들과 똑같이 먹고 싶은 것을 다 먹을 수는 없었다. 먹은 만큼 열심히 운동했고, 되도록 절제해왔기 때문에 음식에 대한 욕망은 절제가 가능한 줄 알았다.

그런데, 그런데, 그런네! 코로나19가 죽은 줄 알았던 내 욕망을 되살려버렸다. 무엇을 먹어도 맛있었고, 감동이었고, 눈물이 났다. 달콤한 악마가 매일 내 귀에 대고 속삭였다.

"세상엔 치즈볼보다 더 맛있는 게 많아. 네가 모르는 맛이야."

진심으로 말하지만, 세상에서 가장 무서운 일은 모르던 맛을 알게 되는 것이다.

"치즈볼이 이렇게 맛있는데 이보다 더 맛있는 게 있다고? 그런 게 정말 현실에 있다고?"

믿고 싶지 않았다. '덕통사고'를 당했는데도 '입덕'을 부정하는 사람처럼 온몸으로 거부했다. 그러나 악마의 속삭임은 사실이었다. 크림치즈 케이크를 먹고 난 후엔 백기를 들고 말았다. 버틴다고 될 일이 아니었다. 깨끗이 승복했다. 그리고 생각했다.

'여기가 엔딩일 거야.'

아, 당시 나의 순진함과 어리석음을 어디에 가서 하소연할 것인가. 맛의 초짜가 감히 맛의 엔딩을 논하다니, 생각할수록 부끄럽다. 맛의 세계는 그렇게 호락호락한 곳이 아니었다. 그야말로 맛있는 게 '천지삐까리'였다.

끝없이 레벨업되는 게임을 상상할 수 있는가? 엔딩이라고 생각한 순간 사실은 본격적인 이야기가 시작되는 영화를 본 적 있는가? 새로운 것을 먹을 때마다 매번 이보다 맛있는 건 없으리라 생각했지만 천만의 말씀. '단짠단짠'의 무한 반복은 악마 혹은 천사의 경지가 아니었다. 그것은 가히 신의 경지였다. 어느 정도 맛을 봤으니 더 이상 모르는 맛은 없을 것이라 생각했다. 유혹에 넘어가지 않으려고 안간힘을 썼다. 그러나 결국 나는 모르는 맛 앞에 장렬하게 무릎을 꿇고 말았다. 세상은 넓고 맛있는 건 많았다. 입이 떡 벌어지고 턱이 툭 내려앉고 눈이 확 떠지는 놀라운 맛 앞에서 내 혀는 매일 경이로움을 느꼈고, 눈은 이 맛을 몰랐던 죄를 인정하며 회개의 눈물을 흘렸다.

"세상에! 이런 맛이!"

'타락헬창'이 탄생하는 순간이었다. 헬스 트레이너에게 먹을 것에 대한 욕망이 생겨버리다니! 코로나19가 낳은 괴물이 된 셈이다. 누군가는 제정신이냐고 할지도 모르겠다. 본분을 잊고 엉뚱한 짓을 하고 있다고 혀를 찰지도 모르겠다. 그러나 나는 토끼 굴에 빠진 앨리스처럼 맛의 굴에 발을 들였고, 이곳에서 생존하는 법을 새롭게 익혔다.

\* \* \*

운동밖에 모르던 헬스 트레이너가 먹방에 진심이 되는 이야기가 조금은 과장되게 들렸는지도 모르겠다. 나 또한 불과 1년 전까지만 해도 삶의 행방이 이렇게 달라질지 짐작도 하지 못했다. 짐작은커녕 단 한 번도 생각해본 적이 없었다. 뭐라도 해야겠다는 절실한 마음에서 시도한 일이 나를 구원할 줄이야! 망해가는 헬스장에서 뭐라도 해보자는 심정으로 먹은 치즈볼이 새로운 기회를 가져다주었다.

위기는 기회다. 책에 나오는 말이 아니라 현재 내가 경험하고 있는 사실이다. 트레이너라는 세계에 들어와 밑바닥에서 시작해 꾸준히 성장하여 세 곳의 헬스장을 운영하기까지 승승장구하던 나는 코로나19로 극심한 경영난에 부딪쳤다. 헬스장 문을 열지 못하는 날들이 이어졌다. 세 군데 헬스장을 합치면 한 달 월세만 해도 수천만 원이었다. 직원들 월급도 책임져야 했다. 엎친 데 덮친 격으로 인테리어 사기까지 당했다. 아무것도 안 하고 숨만 쉬어도 하루 몇백만 원의 지출을 감당해야 했다. 그런데 대반전이 일어났다. 텅 빈 헬스장에서 절박한 마음으로 먹은 치즈볼 하나가 꼬리에 꼬리를 물고 다른 먹방으로 이어지더니 대기업 광고로까지 뻗어 나갔다. 먹방이 쏘아 올린 작은 공 하나가 거대한 희망의 신호탄이 되어 돌아온 것이다.

코로나19는 분명 재앙이었다. 백 번, 천 번 생각해도 코로나19를 겪지 않았다면 더 좋았을 것이 분명하다. 절대로 두 번 다시는 겪고 싶지 않다. 그만큼 힘들었고 고통스러운 날들이었다. 그러나 한편으로는 이런 생각도 들었다.

'코로나19가 아니라 또 다른 위기가 온다면? 어쩌면 코로나19는 하나의 상징이 아닐까?'

코로나19는 우리 삶의 많은 부분을 바꾸었다. 일상을 회복하더라도 이전과는 다른 새로운 변화는 이미 시작되었고, 앞으로 더욱 가속화될 것이다. 코로나19가 조만간 반드시 끝날 것이라 믿지만 앞으로 또 다른 팬데믹을 겪지 않을 것이라 확신할 수 있을까? 팬데믹이 아니더라도 또 다른 종류의 위험 앞에 놓이지 않을 것이라 보장할 수 있을까?

코로나19가 끝났다는 희소식이 전해진다 하더라도 "이전과 같은 형태의 삶으로 돌아갈 것이냐?"라는 질문 앞에선 그 대답이 신중해질 수밖에 없다. 위기는 늘 다른 방식으로 되풀이되기 때문이다. 예상하지 못했던 위기 상황은 언제든 또 올 수 있다. 그때마다 번번이 무너지고 좌절하고 절망하고 원망하면서 살아갈 것인가. 그럴 수 없다. 다른 길을 찾아내야 한다.

코로나19로 지옥을 맛보았다. 그러나 정신을 바짝 차리고 보니 희망의 빛이 보였다. 이번 일을 겪으며 새로운 돌파구를 찾아낸 경험은 나를 더 단단하게 만들었고, 어떤 어려움을 겪더라도 새로운 길을 찾을 수 있다는 확신을 갖게 해주었다. 위기를 기회로 만드는 것은 불가능한 일이 아니다. 특별한 사람이나 재능이 뛰어난 사람만이 누리는 행운도 아니다. 차근차근 준비하면 너끈히 해낼 수 있다. 내가 그 증인이다. 내가 했다면 당신도 할 수 있다. 내가 했으니 당신도 가능하다.

# 차례

# PART1

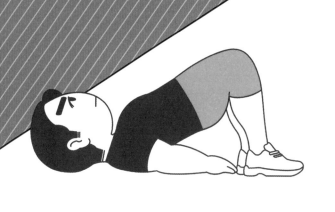

# 위기가
# 기회가 되다

# 힙업 공장의 시작

스무 살, 헬스 트레이닝의 세계에 입문했다. 집 앞에 있던 헬스장에서 우연히 아르바이트를 한 것이 계기였다. 헬스라곤 1도 모르던 헬스장 알바생은 헬스에 푹 빠진 헬스 보이가 되었고, 헬스 트레이닝 전문가로 거듭났다.

이후 해외 40여 개국을 다니며 여행하고 트레이너 생활도 하며 독학으로 국제 트레이너 자격증을 땄다. 영어도 현장에서 몸으로 부딪히며 배웠다. 마지막으로 일한 나라는 뉴질랜드였는데 뉴질랜드는 국제 트레이너 자격증이 있더라도 자국의 트레이너 자격증이 있어야만 일을 할 수 있었다. 시험은 어려웠지만 열심히 공부한 덕분에 뉴질랜드 국가 자격증을 딸 수 있었다.

여행 도중에는 어떤 나라에 가든 반드시 헬스장에 갔다. 유명한 헬스장은 모두 찾아다니며 체험하고 시설을 살펴보았다. 나라마다 다른 점을 발견하는 일도 재미있었다. 영국의 경우 헬스장 1층에는 거의 무조건이라고 해도 좋을 정도로 카페가 있었다. 카페에선 프로틴 음료와 일반 음식을 팔았다. 운동을 함께한 후 카페에서 대화를 나누거나 가볍게 식사하는 사람들도 많았다. 미국이나 뉴질랜드의 헬스장은 대형 창고 같은 느낌을 줄 만큼 큰 곳이 많았다. 땅이 넓다 보니 운동을 하러 가려면 차로 이동해야 했다. 모든 헬스장에 프로틴 음료 자판기가 있었고, 간단히 먹을 수 있는 음식을 파는 카페가 있었다.

또 한 가지 신기했던 것은 어플로 출입문을 여닫는 시스템이었다. 각자의 휴대전화에 어플을 설치한 후 등록하면 헬스장을 이용하는 기간 동안 자유롭게 출입할 수 있었다. 프로틴 음료 자판기와 출입문 자동 개폐 어플은 한국에 돌아와 헬스장을 차리게 되면 꼭 설치해야겠다고 생각했다. 이후 부천점에 두 가지 모두 최신식으로 설치했지만 코로나19의 여파로 빛을 못 보고 말았다.

최근 쇼핑몰이 쇼핑만 하는 곳이 아니라 복합문화시설이듯 외국에서 둘러본 헬스장도 운동만 하는 곳이 아니라 여가를 즐기는 장소였다. 운동과 여가를 즐기는 문화 공간으로 헬스장을 만들면 좋겠다는 생각도 이때 하게 됐다. 나라별로 트렌드를 유심히 살피다 보니 다른 점도 있었지만 공통점도 눈에 띄었다. 첫 번째는 운동을 열심히 하는 사람들 중에 여성 비율이 높다는 사실이었다. 어느 나라를 가든 여성들이 남성들만큼, 아니 남성들보다 훨씬 더 열심히 웨이트 트레이닝을 하는 모습을 보았다. 지금이야 우리나라도 헬스장에 여성이 많아졌고 근육을 만들며 운동하는 모습이 자연스럽게 보이지만 당시 우리나라는 웨이트 트레이닝을 하는 여성이 드물던 때였다. '헬스장은 남성의 공간'이라는 인식이 강했던 나에게 운동이 생활습관으로 자리 잡은 외국 여성들의 모습은 굉장히 신선하게 다가왔다.

또 한 가지는 상체 위주의 운동이 하체 위주의 운동으로 변하고 있다는 사실이었다. 실제로 헬스장에 오는 여성들은 고중량으로 엉덩이를 키우는 운동을 많이 했고, 개인 트레이닝을 신청하는 사람들도 엉덩이 운동을 집중적으로 하기를 원했다. 이런 흐름에 따라 운동복 패션도 위에는 헐렁한 후드 티를 입고 아래에는 몸의 선이 드러나는 레깅스를 입는 게 유행이었다.

나는 한국에도 곧 이런 흐름이 시작될 것이라 직감했다. 여성 전문 웨이트 트레이닝의 시장성을 눈으로 확인한 그때부터 여성을 위한 트레이닝에 관심을 가졌다. 당시 출간된 생리학 교재는 맨 뒷부분 50페이지 정도만 여성 생리학에 관해 언급할 뿐 나머지 대부분은 남성에 대한 내용을 담고 있었다. 여성 생리학은 정보도 적었고 관련 라이선스도 따로 없었다. 그러나 여성과 남성은 몸의 구조는 물론 호르몬 차이도 크다는 생각에 나는 본격적으로 여성 생리학을 공부하기 시작했다.

같은 여성이라도 신체 조건은 개인마다 다를 수밖에 없다. 외국 여성은 체형도 우리나라 여성들과는 달랐는데 키 180센티미터에 몸무게 100킬로그램이 넘는 여성도 많았다. 모든 여성들에게 해당하는 단 하나의 운동법이 있는 것이 아니라 체형별로 다른 운동법이 필요하다는 것을 절실하게 깨달았다. 이때의 고민이 결과로 나온 것이 '키작녀 스쿼트', '키큰녀 스쿼트' 등 키에 따라 운동법을 다르게 적용하는 유튜브 영상이다. 아마 한국에선 최초로 시작한 게 아닐까 싶다.

여성들의 운동에 관심을 가진 것과 달리, 절대 관심을 갖지도 말고 두지도 말자고 생각한 것이 있다. 다름 아닌 스테로이드 약물에 대한 것이다. 외국엔 스테로이드를 사용하는 사람들이 많았다. 스테로이드 약물 정보가 공공연히 드러나 있기도 했기에 언젠가 문제가 될 것이라 생각했다. 실제로 스테로이드에 대한 이슈들이 자주 터졌다. 이런 문제들을 현실로 접하면서 정보를 모으고 대비하는 시간을 가질 수 있었다. 스테로이드는 몸을 빨리 만드는 데는 효과적이지만 부작용이 크다. 게다가 스테로이드 유통은 우리나라에선 명백히 불법이다. 스테로이드를 일체 쓰지 않고 몸을 만드는 사람들을 '내추럴'이라 하는데 나 또한 내추럴이다. 이전에도 스테로이드를 단 1그램도 쓴 적이 없고 앞으로도 없을 것이다.

해외에서 여러 경험을 쌓은 후 서른을 목전에 두고 한국으로 돌아왔다. 이제는 누군가에게 고용된 트레이너가 아니라 내가 나 스스로를 고용하고 싶었다. 창업할 때 내가 가진 것은 딱 세 가지였다. 첫 번째는 그동안 해외에서 경험했던 다양한 헬스 문화였고, 두 번째는 소상공인 지원금으로 대출받은 2천만 원이었으며, 마지막 세 번째는 독학으로 심도 있게 공부한 생리학과 영양학 지식이었다. 모든 준비를 마치고 헬스장을 열었다. '핏블리 힙업 공장' 1호점 역곡점이었다.

## 코로나19가 내려왔다

사업은 순조로웠다. 2020년 1월 21일 1호점인 역곡점을 시작한 지얼마 지나지 않아 직원 수가 30명, 지점은 세 개로 늘었다. 어떤 투자도 받지 않고 혼자 일궈낸 결과였다. "무조건 된다!"라고 말하며 지점을 늘려가는 나를 어떤 이들은 '금수저'라 오해하기도 했다. 그러나 스무 살 때 아르바이트로 돈을 벌기 시작하면서부터 어느 누구에게도 금전적 지원을 전혀 받지 않았다.

우리나라는 여느 나라보다 디지털 기술이 강세를 보이는 나라다. 스마트폰이 일상의 기기로 빠르게 자리 잡았고, 소비 패턴이 오프라인 시장에서 온라인 시장으로 급격히 이동하는 추세는 일시적이거나 지엽적인 현상이 아니었다. 헬스 트레이닝 분야도 이러한 방향으로 변할 것이라 생각했기 때문에 사업 초기엔 온라인 피티(퍼스널 트레이닝의 약자, P.T.) 사업에 역점을 두었다. 그러나 당시 상황에선 시기상조였다. 생각보다 반응이 빠르지 않아 시설을 잘 갖춘 오프라인 헬스장과 병행하며 유튜브 채널에 피티 동영상을 하나둘 올리기 시작했다. 동영상 반응은 폭발적이었다.

오프라인 헬스장 운영도 순조로웠다. 실력 있고 열정적인 트레이너들 덕분에 1호점 역곡점은 물론 전 지점에서 회원 수가 가파르게 증가하고 있었다. 지점마다 신선한 아이디어들이 넘쳐흘렀고, 벌어들인 돈은 다시 사업에 투자했다. 매일 아침 출근하는 발걸음이 바람처럼 가벼웠다. 무서울 것이 없었고, 내 손으로 삶을 꽉 움켜쥐고 있다고 믿었다. 그야말로 인생 최고의 시간을 맛보고 있었다. 코로나19가 터지기 직전까지 말이다.

코로나19 초반.

"이러다 진짜 망하는 거 아냐?"

말은 이렇게 했지만 내심 여유가 있었다. '설마 내가 망하겠어. 이러다 말겠지'라고 생각했다. 망하면 어떡하지 생각하면서도 내가 진짜 망할 것이라 믿지 않았다. 코로나19 초기 때만 해도 금세 원래 대로 돌아갈 줄 알았다. 지금 심각한 상황이지만 금방 회복할 것이라고, 기껏해야 한두 달만 더 참으면 될 일이라 여겼다.

그러나 시간이 지날수록 사태가 심상치 않다는 걸 느꼈다. 웃으면서 '망하면 어떡하지' 하던 나는 웃음기가 싸악 사라진 얼굴로 '이러다 진짜 망할 수도 있겠다'라고 생각했다. 사회적 거리 두기 단계가 점차 높아지면서 헬스장 문을 닫아야 하는 시간이 늘었다. 문을 닫는 기간이 한 달이 두 달이 되고 두 달이 넉 달이 되더니 운영을 하는 기간보다 못 하는 기간이 늘었다. 내 삶에서 실제 일어나는 현실인데도 생전 처음 겪는 일 앞에서 매 순간 '멘붕'이 왔다.

밤에도 잠을 잘 수가 없었다. 일을 못 하는 동안에 돈을 벌 수 없는 것은 물론 임대비, 운영비, 대출이자, 인건비, 할부금 등 고정 지출이 어김없이 빠져나갔다. 한 달에 내야 할 임대료만 수천만 원이었다. 숨만 쉬고 잠만 자도 돈이 나갔다.

수입은 복근 생기듯 느리고 더뎠지만 지출은 뱃살 불어나듯 순식간에 늘었다. 하루하루 숨 막힐 듯 초조하고 불안한 날들이 이어졌다. 한 푼이라도 아껴야 하는 상황인데 인테리어 사기마저 당했다. 안 좋은 일은 혼자 다니지 않고 몰려다닌다더니, 제대로 폭탄을 맞은 셈이었다. 누구보다 정신력이 강하다고 자부하던 나였지만 어느 때는 호흡이 어려울 만큼 압박감에 시달렸다. 키우던 강아지가 죽은 뒤 펑펑 울었던 날 이후 처음으로 서럽게 엉엉 울었다.

트레이너로 일하면서 수많은 사람들을 만났고, 세계 40여 개국을 혼자 여행하며 다녔다. 이런저런 크고 작은 일을 많이 경험했기에 어지간한 일에는 눈도 깜박 안 하는 배짱이 생겼다고 자부하고 있었다. 그러나 이런 나의 자부심은 코로나19라는 사상 초유의 팬데믹 앞에선 숨도 크게 쉬지 못할 만큼 쪼그라들었다. 시간이 지날수록 코로나19는 그동안 내가 쌓아올린 것을 하나둘 무너뜨리다 못해 초강력 핵폭탄급의 위세를 부리며 삶의 기반을 뿌리째 흔들었다.

## 폐업 말고 힙업

'간절하게 폐업하고 싶다!'

할 수만 있다면 정말로 폐업하고 싶었다. 하지만 겪어 보니 폐업도 하고 싶다고 할 수 있는 게 아니었다. 헬스장 임대계약 기간이 아직 많이 남아 있었고 인테리어를 원상 복구하기 위한 공사 비용도 부담이 컸다. 수많은 헬스장이 줄줄이 폐업하던 시기였기에 헬스기구 중고 시장엔 판매 글만 넘쳤다. 그러나 폐업을 하지 못했던 결정적 이유는 따로 있었다. 나만 믿고 이제껏 달려온 직원들을 한순간에 실직자로 만들 수 없다는 것이 그 이유였다.

'폐업도 답이 아니라면 어떤 길이 있을까? 뭔가 해볼 수 있는 게 과연 있긴 있을까?'

시간이 지날수록 피가 마르는 기분이었다. 여름이 지나고 가을이 와도 코로나19는 사그라들 기미조차 보이지 않았다. 코로나19로 인한 사망자 수도 나날이 늘고 있었다. 우리나라만의 문제가 아니라 전 세계적인 문제였기에 더욱 답답했다. 눈앞에 펼쳐져 있던 길이 갑자기 사라지고 막다른 골목으로 내몰린 것 같았다. 아니 막다른 골목에서조차 밀려 낭떠러지 끝에 한 발만 간신히 걸치고 서 있는 듯했다.

헬스장의 닫힌 문을 다시 열 수 있는 날이 오기나 할지 가늠조차 할 수 없었다. 막막한 심정으로 닫힌 헬스장의 문을 열고 들어갔다. 불과 몇 달 전만 해도 홍보용 동영상을 찍으며 가슴 설레던 곳이었다. 어플로 열 수 있는 최신식 도어와 각종 프로틴 음료가 담겨 있는 자판기에 들어간 투자금에 더해 사기당한 인테리어 금액까지 생각하니 다시금 속이 쓰렸다. 내 운명은 나의 노력과 선택으로 만들어진다고 생각했지만, 불가항력의 요인으로 인생이 한순간에 곤두박질칠 줄 누가 알았겠는가.

지금까지 떳떳하게 일해왔고, 꿈을 위해 움직였다. 내가 좋아하는 일을 더 잘하기 위해 노력하며 열심히 살아왔다. 꿈을 현실로 만들기 위해 온 힘을 다했다. 그런데 그렇게 살아온 대가가 겨우 이거라니, 난데없이 따귀를 맞고 바닥에 내동댕이쳐진 기분이었다. 욕할 대상이라도 있었다면 차라리 나았을 것이다. 내 안에서 치밀어 오르는 뜨거운 감정을 해소할 방도가 없었다. 스스로 다스려야 한다는 것을 알면서도 지독한 분노가 솟는 것을 어쩔 수가 없었다. 그와 동시에 무시무시하게 슬펐다.

무엇을 해야 할지 알 수 없었다. 이제껏 누구에게 해답을 구한 적도 없고 스스로 답을 찾으면서 살아있는데 이때만큼은 누구한테라도 간절히 묻고 싶었다. 내가 어떻게 해야 하냐고, 이 상황에서 무엇을 해야 달라질 수 있느냐고. 그러나 구원의 손길은 헬스장 어디에도 없었다. 운동기구들만이 텅 빈 공간에서 차가운 침묵을 지키고 있을 뿐이었다.

적막한 헬스장에 서 있으려니 내가 직면한 현실이 냉정하리만큼 객관적으로 느껴졌다. 지금 이 상황을 인정하는 것 외에 내가 할 수 있는 일이 없다는 것을 깨달은 순간이었다.

'이미 일어난 일이야. 울고불고한들 바뀌는 건 없어.'

그때 내 안에서 변화가 일어났다. 내 인생의 터닝 포인트를 만들 만큼 중요한 '인지'의 순간이었다. 이미 일어난 일을 바꿀 수 없다면 앞으로 일어날 일은 내 판으로 만들겠다고 결심했다. 전 재산을 잃어도 나에겐 돈으로 살 수 없는 '운동 지식'과 40여 개국을 여행한 '경험'이 있었다. 그렇게 생각하자 다시 일어설 수 있다는 자신감이 생겼다.

그제야 하루 종일 굶었다는 사실이 떠올랐다. 식단이고 뭐고 배부터 채우자는 생각에 라면과 계란 여섯 개를 사왔다. 그 와중에도 '탄단지(단백질, 탄수화물, 지방)'를 고려한 메뉴였다. 갑자기 아이디어가 떠올랐다.

'밥 먹으면서 운동에 대한 질의응답을 하는 라이브 방송을 하면 어떨까?'

생각하자마자 바로 실행으로 옮겼다. 이것이 첫 번째 먹방이었다. 방송 중에 먹은 라면은 육개장 큰사발면이었는데 방송을 시청한 구독자들로부터 육개장 사발면의 '국룰'은 작은 사발면이라는 조언

'밥 먹으면서 운동에 대한 질의응답을 하는 라이브 방송을 하면 어떨까?'
생각하자마자 바로 실행으로 옮겼다. 이것이 첫 번째 먹방이었다.

을 얻었다.

　다음 날에는 뿌링클 치킨을 먹어보는 게 어떻겠냐는 구독자들
의 추천에 따라 뿌링클 치킨과 치즈볼을 주문했다. 타락헬창의 전설
이 시작되려는 순간이었다는 건 꿈에도 상상하지 못했다. 사실 뿌링
클 치킨을 펼쳤을 땐 감흥이 별로 없었다. 치킨은 닭가슴살로 많이
먹어봤기에 그 맛이 그 맛이겠거니 싶었고 치즈볼은 감자처럼 동그
라니 그냥 치즈 맛이겠구나 했던 것이다. 별 기대 없이 치즈볼을 입

에 넣었다. 완전히 잊고 살았던, 아니 맛본 적도 없는 것 같은 포화지방 맛이 입안 가득 밀려왔다. 겉은 탄수화물을 기름에 튀겨 바삭바삭한 식감인데 입 속에선 촉촉한 유지방의 결정체인 치즈가 푸왕푸왕 터져 나왔다. 그 어떤 다이어트 식품에서도 느낄 수 없는 고칼로리의 맛이었다.

"오 마이 갓!"

살면서 먹어본 적 없는 맛에 놀라워하는 것도 잠시, 문 닫은 헬스장에서 고칼로리 음식을 먹고 있는 내 모습에 웃음이 났다. 이 순간은 정말 '복합적인 감정의 소용돌이' 그 자체였다. 아마도 죽는 순간까지 잊지 못할 치즈볼과의 첫 만남이었다. 이 모든 순간을 유튜브 라이브 방송으로 구독자들과 함께했다. 많은 분들이 마치 자신의 성공처럼 한마음으로 기뻐해주셨다. 코로나19로 힘든 현재 상황과 맞물려 격한 공감이 이루어진 것이다. 지금 이 글을 쓰는 순간에도 그때의 감정이 고스란히 느껴져 눈물이 그렁그렁해진다.

벼랑 끝에서 만난 치즈볼이 내 인생을 뒤바꿔놓았다. 치즈볼 먹방을 한 후부터 이것도 먹어봐라, 저것도 먹어봐라 하는 요청이 들어오기 시작했다. '트레이너 먹방'이라는 세상에 없던 조합이 탄생한 것이다. 치즈볼을 처음 먹었던 날 라이브 방송으로 2천500명이라는 엄청난 숫자가 이 장면을 봤고, '헬스 트레이너의 타락'이라는 제목을 달고 영상을 캡처한 이미지가 여러 SNS에 빠르게 퍼져 나갔다. 내 피가 다시 뜨겁게 흐르기 시작했다. 위기 속에서 기회를 찾는 센서가 반응한 것이다.

"찾았다! 위기를 기회로 만드는 방법!"

폐업하겠다는 생각은 저 멀리 던져버렸다. 새로운 돌파구를 찾았으니 이제 있는 힘껏 뚫고 나아가는 길만 남았다. 나는 힙업 공장의 명성에 맞게 엉덩이에 힘을 꽉 주고 외쳤다.

"폐업 말고 힙업!"

# 그래도 할 수 있는
# 일이 있다

## 1호점 폐업

폐업을 했다. "폐업 말고 힙업!"이라고 기세 좋게 외쳤지만 결국 폐업을 결정할 수밖에 없었다. 다른 곳도 아니고 힙업 공장 1호점인 역곡점이었다. 깨물어 아프지 않은 손가락이 없다고 하지만 역곡점 폐업은 정신적으로도 타격이 컸다.

폐업을 알리는 영상을 찍는 내내 입이 떨어지지 않았다. 목이 메어 말이 제대로 나오지 않았다. 말을 꺼내려는데 속에 차 있던 감정이 목울대를 치고 올라왔다. 어지간해선 감정의 동요가 없는 편인 나도 이때만큼은 어쩔 수 없이 감정이 북받쳤다. 결국 그날 밤에 눈물을 쏟고 말았다.

펑펑 울면서 깨달은 것은 시련과 고난이 나만 피해 가진 않는다는 진실이었다. 그렇다고 시련과 고난이 나에게만 뚝 떨어진 것도 아니었다. 하루가 멀다 하고 주변에서 운영하던 헬스장의 폐업 소식이 들려왔다. 대로변에는 폐업, 임대라는 종이가 붙어 있는 점포들이 매일같이 늘어났다.

헬스장뿐만 아니라 다른 업종도 어렵긴 마찬가지였다. 그분들이라고 폐업을 하고 싶어서 했겠는가. 할 수만 있었다면 폐업을 하지 않았을 것이다. 나도 마찬가지였다. 게다가 폐업을 결정한 역곡점은 내 성장의 근간이 되어준 1호점이었기에 유지하고 싶은 마음이 컸다. 그럼에도 폐업을 결정한 것은 더 이상 버틸 수가 없어서였다.

두 층을 가득 채우고 있던 기구들을 팔기로 마음먹었다. 운동기구는 매우 고가이기 때문에 돈이 모일 때마다 한 개씩 추가로 구매한 소중한 기구들이었다. 막상 팔기로 마음먹자 그 돈을 가치 있는 일에 쓰고 싶다는 생각이 들었다. 가장 힘든 시기에 누군가 작은 친절을 베푼다면 그 친절이 상대에게 '위기를 기회'로 만들 수 있는 힘이 될 수 있다고 생각했다.

나 또한 이런 일을 경험했기에 다른 사람들에게도 기회가 될 수 있도록 도움을 주고 싶었다. 그래서 폐업을 결정한 1호점 운동기구

중 절반을 판매한 금액을 소년, 소녀 가장을 위해 기부하고 나머지 운동기구는 군부대에 기증하기로 결정했다.

"먹고살만 하니까 기부도 하고 그러는 거 아니냐."

누군가는 이렇게 생각할 수도 있다. 그러나 돈이 남아서 기부를 한 게 아니었다. 내가 생각하는 기부는 스스로 가치가 있다고 생각하는 일에 기꺼이 정성을 쏟는 일이기 때문이다. 남아도는 돈이 있기는커녕 갚아야 할 빚도 아직 많이 남아 있던 상태였다. 그럼에도 판매금을 전부 기부하기로 결정한 것은 나에겐 다시 일어설 수 있는 경험과 지식이 있어서였다. 무리해서 충동적으로 기부를 한 게 아니라 책임질 수 있는 범위에서 한 행동이었다.

해외에 처음 나갔을 무렵 부모님과 사이가 좋지 않았다. 낯선 나라에서 철저하게 이방인이 되어 생존하느라 애쓰다 보니 한동안 사무치게 외로웠다. 한국에 있을 땐 부모님이 내 울타리라고 생각하지 않았다. 보호하고 지켜주는 울타리라기보다는 나를 제한하고 가두는 벽이라고 느꼈다.

그런데 혼자 타국에서 살다 보니 부모님이 없는 친구들이 얼마나 외로울지 조금은 이해하게 되었다. 그래서 상황이 되면 그런 친구들에게 작은 마음이나마 전하고 싶었다. 세상의 모든 아이들을 후원할 수는 없지만 내가 후원하는 아이들의 세계만큼은 조금 나아질 수 있지 않을까. 또 한 명의 작은 실천이 여러 사람의 행동으로 이어지면 그 과정에서 누군가는 우리가 사는 이 세계가 크고 단단하게 연결되어 있다고 믿게 되지 않을까.

폐업을 결정하기까진 힘들었지만 폐업 이후의 일들을 진행하며 나는 오히려 정신을 바짝 차렸다. 힘을 내 이 상황을 타파해야 했다. 힘들다고 자빠져 있을 수는 없었다. 나를 믿고 의지하는 직원들을 책임져야 했다. 사기를 당하고, 폐업을 결정하고, 기구들을 팔더라도 지금 이 순간에 할 수 있는 일에 집중했다.

가장 먼저 해결해야 할 일은 함께 일해온 트레이너 선생님들이 일자리를 잃지 않고 나와 함께할 수 있도록 방법을 찾는 것이었다. 다행스럽게도 폐업한 1호점 전 직원 모두 퇴사자 없이 다른 지점으로 이동했다.


## 내가 바꿀 수 있는 것과 바꿀 수 없는 것

우리는 살아가는 동안 힘들고 곤란한 일들을 수없이 많이 겪는다. 왜 이렇게 힘든 일을 겪어야만 하는 것일까? 내가 굳이 찾아 나서며 불러들인 것도 아닌데 왜 불행은 연달아 오는 것일까? 내가 재수가 없어서일까? 이번 생은 망해서일까? 다른 차들은 파란 신호를 받아 쭉쭉 나가는데 바로 내 앞에서 붉은 신호로 바뀌는 이유는 뭘까?

폐업을 하면서, 세상은 내가 원하는 대로 움직이지 않는다는 사실도 깨달았다. 코로나19보다 더 강력한 무언가가 올 수도 있다. 내가 상상하지 못한 어려움을 만날지도 모른다. 흔히 힘든 일을 겪고 싶지 않다고 생각한다. 일부러 시련과 고난을 불러들이며 고생을 하려 드는 사람은 없을 것이다. 그러나 살다 보면 힘들고 어려운 순간을 반드시라고 해도 좋을 만큼 꼭 만나게 된다. 싫다고 도망칠 수도 없고, 두렵다고 피할 수 있지도 않다.

중요한 것은 컨트롤이 불가능한 '변수'가 아니다. 변수는 예측할 수도 없고 컨트롤할 수 없는 일일 때가 더 많다. 변수를 걱정하기보단 컨트롤이 가능한 '나'에게 의미를 부여하는 게 낫다. 나 자신은 노력으로 컨트롤할 수 있고 준비할 수 있다. 준비된 나는 변수에 대처할 능력을 갖추고 있기 때문이다.

폐업은 고통스러운 일이었지만, 그 과정을 통해 큰 깨달음을 얻었다. 지금까지 나는 모든 일은 내 힘으로 만들 수 있다고 생각했다. 그러나 코로나19를 겪으며 나와는 상관없는 일로 무너질 수도 있다는 것을 배웠다.

코로나19는 내 삶을 강타했지만 내 마음까지 망가뜨리진 못했다. 그리고 앞으로도 마찬가지일 것이다. 어떻게 해서든 길을 찾을 것이고, 길을 만들 것이다. 벽에 부딪치면 그 벽을 문으로 만들어버릴 것이다. 그리고 문을 열고 나갈 것이다. 어떤 순간에서도 내가 할 수 있는 일이 있을 것이라고 믿기 때문이다. 나는 쉽게 무너지지 않을 것이다. 정직하게 있는 힘껏 노력하며 살아온 나에게 왜 이런 시련이 닥쳤냐고 좌절하지도 않을 것이다. 그것보다 이 위기를 이용해 다시 일어서는 데 최선을 다할 것이다.

나는 전보다 더 노력하는 사람이 되기로 결심했다. 노력한다고 누구나 성공하는 건 아니지만, 성공한 사람 중 노력하지 않은 사람은 없기 때문이다.

# 내 인생에
# 치즈볼이 굴러 들어왔다

## 헬스 트레이너의 타락, BJ치즈볼의 회개

"이러니까 다이어트를 못 하시는구나."

치즈볼을 먹은 후 반성했다. "못 하는 건 몸의 문제가 아니다. 의지의 문제다", "할 수 있다고 생각하면 할 수 있다", "못 한다는 말을 하기 전에 몸을 움직여라" 등 내가 했던 말들이 치즈볼처럼 둥글게 둥글게 몰려들었다.

치즈볼을 먹으면서 사는 사람들에게 치즈볼을 먹지 않고 사는 내가 언감생심 다이어트를 논하다니! 그들은 잘못이 없었다. 무려 치즈볼을 대상으로 싸우려 든 나, 백전백패가 확실한 싸움 앞에서 나는 회개했다.

그렇다면 생각해보자. 누구에게나 자신만의 치즈볼, 마음속 갈등을 불러일으키는 무언가가 있을 것이다. 다이어트를 원하지만 치즈볼은 먹고 싶고, 시험에 합격하고 싶지만 오늘은 넷플릭스에 빠져 있고 싶은 순간. 라면은 딱 한 입만 먹고 싶지만 늘 한 개를 다 먹고 밥까지 말아 바닥까지 싹싹 비우고야 마는 그런 때. 현실의 나는 한없이 나약하다.

나도 마찬가지다. 중요하다고 '생각하는 것'과 욕망을 '느끼는 것'이 일치하면 다행이지만 머리가 정한 것을 가슴이 배반할 때가 많다. 이럴 때 무엇보다 중요한 것이 삶의 우선순위를 확실히 정해두는 일이다.

그러나 그것이 어디 말처럼 쉬운 일이던가. 우리는 생각대로 살아간다고 믿지만 사실은 사는 대로 생각한다. 편한 생활에 길들면 변화를 바라면서도 안전을 최우선으로 생각하고, 변화에 익숙해지면 안정을 추구하면서도 도전을 멈추지 않는다. 삶에도 관성이 생겨 현재 상태를 유지하는 쪽으로 마음이 기우는 것이다.

코로나19를 겪지 않고 헬스장을 운영하고 있었다면 나는 트레이너의 삶에 충실했을 것이다. 클라이언트가 원하는 몸을 만들기 위해 함께 노력하고, 양질의 동영상을 제작해서 유튜브 채널에 올리고,

우리 회사에 와준 트레이너 선생님들에게 더 좋은 대우를 하기 위해 최선을 다했을 것이다. 치즈볼이라는 마성의 음식이 있다는 사실을 알지도 못했을 것은 물론 누군가 먹방을 권유해도 그런 일은 하지 않는다며 정중히 사양했을 것이다.

그러던 내가 한순간에 타락한 헬스 트레이너가 되어 하루가 멀다 하고 먹방을 찍었다. 도대체 내 인생에 무슨 일이 생긴 것일까? 굴러 들어온 돌이 박힌 돌을 빼낸다더니, 내 삶에 또르르 굴러 들어온 치즈볼이 기존의 내 사고방식, 고칼로리 음식은 입에도 대지 않는다는 나의 신념을 뿌리째 완전히 뽑아버렸다. 오죽하면 'BJ치즈볼'이라는 별명까지 생겼을까. 그야말로 호환 마마보다 무섭고 악마의 유혹보다 달콤한 치즈볼이었다.


## 아무것도 안 하면 아무 일도 안 생긴다

치즈볼 때문에, 아니 치즈볼 '덕분에' 인생을 새롭게 바라보게 된 나는 진지하게 내 욕망을 탐색했다. 인류가 석기시대 때부터 현대 문명에 이르기까지 발전과 성장을 이룬 것은 욕망이 있어서였을 터다. 욕망이 인간의 어두운 면을 자극해 욕심을 부리면 타락의 길을 걷게

치즈볼 때문에, 아니 치즈볼 '덕분에' 인생을 새롭게 바라보게 된 나는 진지하게 내 욕망을 탐색했다.

되지만, 반대로 더 나은 삶을 만들겠다는 열망으로 전환되면 성장을 촉진하는 계기가 된다.

　예를 들어보자. 우리가 살아가는 데 꼭 필요한 것이 무엇일까? 공기와 물 같은 환경적 요소도 필요하지만 실제적인 현실의 삶에서는 '돈'을 생각하게 된다. 그런데 돈은 왜 필요할까? 많은 돈을 벌고 모으는 일 자체를 궁극적인 목적으로 생각하는 사람도 있겠지만 대부분은 돈에 구애받지 않고 자유로운 삶을 살고 싶어서가 아닐까? 적어도 내가 돈을 버는 이유는 자유를 위해서다. 하고 싶은 일, 가고 싶은 곳, 먹고 싶은 음식을 먹으려면 돈이 필요하고, 소중한 사람을 지킬 때도 돈이 필요하다.

돈을 얼마나 원하는지는 사람마다 기준이 다를 것이다. 그 기준을 명확히 갖고 있는 사람과 모호하게 갖고 있는 사람은 돈을 벌고 지니고 쓰는 태도가 다르다. 돈을 바라는 욕망은 같더라도 누군가는 돈의 주인으로 살아가고 누군가는 돈의 노예가 되어 살아간다.

일을 하는 것도 비슷하다. 가장 좋아하는 분야의 일을 선택한 사람이라 해도 항상 잘하거나 매번 최고의 퍼포먼스를 내지는 못한다. 헬스를 통해 인생을 바꾼 나도 매일, 늘, 언제나 행복하고 기쁘고 즐겁지만은 않았다.

이 일에 재능이 있는지, 전망은 괜찮은지 알 수 없는 상황에서 과연 헬스 트레이너라는 직업을 가져도 될지 고민하기도 했다. 운동은 재미있기도 했지만 힘들기도 했다. 사업이 잘돼 확장을 꿈꾸는 날도 있었지만 자금 문제로 고전을 겪기도 했다. 말하자면 그때 헬스 트레이너라는 일은 내게 치즈볼과 같았다. 매혹적이었지만 감당할 수 있을지, 덥석 물어도 될지 쉽게 판단을 내리기 어려운 일이었다.

내가 치즈볼을 먹은 이유는 먹고 싶었기 때문이다. 누군가가 아무리 맛있다고 해도 기본적으로 내가 먹고 싶은 생각이 들지 않았다면 먹지 않았을 것이다. 헬스 트레이너 일도 마찬가지였다. 운동을 좋아하지도 않았고 신체 능력이 뛰어나지도 않은 내가 전공과 아무 상관없는 헬스 트레이너의 길을 선택하고 나서 새로운 세계를 경험했고, 이후의 인생이 크게 변했다.

그런 의미에서 치즈볼은 내 인생을 또 한 번 변화시킨 계기였다. 지금도 생각한다. 헬스 트레이너는 이래야 한다는 고정관념에 사로잡혀서 헬스장이 망해도 치즈볼 같은 음식은 절대 먹지 않겠다고 구독자들의 제안을 거부했다면, 생각의 틀에서 나오려는 시도를 한 발자국도 하지 않았다면 현재의 나는 어떻게 되어 있을까? 한 가지는 확실히 말할 수 있다. 지금보다 자유롭지는 못했을 것이다. 좀 더 극단적으로 말하면 헬스장을 죄다 폐업하고 신용불량자가 되었을지도 모를 일이다.

치즈볼은 내 인식의 틀을 깬 일이었고, 경험을 확장한 일이었으니, 새로운 도전을 통해 미래를 다시 만들 수 있다는 확신을 준 일이었다. 그렇다면 당신의 치즈볼은 무엇인가? 눈앞의 치즈볼을 보기만 하면서 "저건 맛없을 거야"라고 스스로를 세뇌시키고 있진 않은가? 아니면 "먹으면 살쪄. 그러니 쳐다보지도 말자"라고 경험하기도 전에 회피하고 있진 않은가?

누군가는 말한다.

"똥인지 된장인지 꼭 먹어봐야 아나?"

일견 맞는 말이다. 세상 모든 것을 경험해서 판단하기란 불가능하니 피해야 할 일은 피하는 것이 좋고, 자신에게 나쁜 일인 걸 알면서도 굳이 선택할 이유 또한 없다. 그러나 세상 모든 것을 똥과 된장으로 딱 부러지게 나눌 수만은 없는 것도 사실이다. 무지개의 빨간색과 주황색의 경계를 나누기 어려운 것처럼 똥과 된장 사이에 수많은 것이 있지 않을까. 그중 한 가지가 치즈볼일지도 모른다. 그리고 내게는 그 치즈볼이 위기를 뒤집는 절호의 찬스가 되었다.

당신의 인생에 힘든 일이 생긴다면, 그 힘든 일이 살면서 한 번도 겪어보지 못한 것이라면 그럴 때일수록 할 수 있는 일을 찾고 더욱 적극적으로 움직이길 바란다. 행동하면 무언가 다음 일이 생긴다. 행동하지 않으면? 당연히 아무 일도 생기지 않는다. 그리고 기회는 행동하는 자에게 더욱더 많이 다가온다.

## 04

# 셔츠에 미안하지만,
# 소 왓?

## 그래서 뭐?

행동하는 사람은 더 많은 기회를 얻게 된다. 새로운 기회는 새로운 경험으로 이어지고, 전과 다른 경험을 하며 미처 몰랐던 기회를 포착한다. 외국의 헬스장을 다니면서 보고 듣고 관찰했던 것들이 이후 내가 헬스장을 운영할 때 다양한 아이디어가 되었다. 그때로 돌아가 다시 선택할 수 있다면 나는 똑같이 해외로 나가는 쪽을 선택할 것이다. 나의 행동이 삶의 영역을 넓히는 결과로 돌아온다는 것을 잘 알고 있기 때문이다.

영어는 알파벳이나 겨우 알고 있던 내가 해외에서 트레이너 자격증을 따고 일할 수 있었던 것도 부딪치고 경험하고 행동하면서 언어를 익혔기 때문이다. 사교적인 성격이 아니지만 외국에서 누군가에게 말을 할 기회가 생기면 망설임 없이 말을 걸었다. 영어를 잘하지 못해도 주눅 들지 않았다. '적어도 나는 더듬더듬 영어를 하지만 넌 한국말 할 수 있어?' 이런 생각을 가졌다. 쭈그러들고 주눅 들려고 이 먼 외국까지 홀로 온 게 아니라며 마음을 다잡았다.

영어로 듣고 말하는 환경에 놓이다 보니 짧은 시간에 영어가 확 늘었다. 그러나 곧 정체기가 찾아왔다. 생활엔 지장이 없었지만 생각을 깊이 있고 조리 있게 전달하는 일은 어려웠다. 그래도 영어 때문에 좌절하진 않았다. 애초에 고급 영어를 구사하는 게 목적이 아니었고, 학술대회에 참가하려고 외국엘 나간 것도 아니었기 때문이다. 내 전문 분야의 용어를 제대로 사용하고, 친구들을 사귀고, 일상생활을 하는 데 지장이 없을 정도만 되면 만족스러웠다.

영어로 소통하면서 자주 썼던 말 중 하나가 "소 왓(So what)?"이었다. 서양에서 동양인 트레이너는 어떤 존재로 비칠까. 호기심의 대상일 수는 있겠지만 자기네 나라 사람을 두고 굳이 외국인에게 운동을 배우고 싶은 마음은 들지 않을 수도 있다. 예로 들면 한국에서 외국인에게 태권도를 배우고 싶은 사람은 없을 테니 말이다. 그랬기에 대놓고 텃세를 당하거나 무시받는 일도 종종 있었다.

"왜 여기까지 와서 트레이너를 해?"

"동양인 트레이너한테 누가 와서 배워?"

"한국엔 트레이너 일이 없어?"

이런 소리를 처음 들었을 땐 호기심으로 가장한 그들의 무례함에 화가 나기도 했지만 화를 낸다고 얻는 것이 없다는 사실도 알았다. 오히려 그런 경험을 하는 게 재밌었다. 게다가 그들의 입장에선 그렇게 생각할 수도 있을 터였다. 중요하지 않은 이야기에 열을 내봤자 내 시간만 축날 뿐이니 진지하게 상대할 이유도, 의지도 없었다. 진심으로 대화하려는 사람들과는 나도 마음을 열고 이야기를 나눴지만 그렇지 않은 사람들에겐 한마디면 족했다.

"소 왓?"

처음엔 이상하게 보던 그들도 결국 나에게 다가와 운동을 배우고 싶어 했는데 아마 열심히 운동한 덕분에 그들이 보기에도 내 몸이 나쁘진 않아서였을 것이다. 해외에서 트레이너로 일하면서 많은 나라를 여행했던 경험은 내 삶의 어떤 장막을, 특히 과거에 사로잡혀 있었던 생각의 장막을 한 꺼풀 벗겨주었다.

그때까지만 해도 나는 고등학생 때 학교에서 만나는 친구가 인생의 전부인 줄 알았고, 좋은 대학교를 못 가면 삶이 망하는 줄 알았으며, 좋아했던 여자애가 나를 싫어하면 평생 슬플 줄 알았다. 그런데 넓은 세상으로 나와 보니 지난 과거는 아주 짧은 순간에 불과했다. 남의 시선에 맞춰가며 살기엔 인생은 짧고 세상은 넓고 나는 소중하다는 이치를 깨달은 것이다.

한국에서든 영국에서든 뉴질랜드에서든 세계 어디에나 단점을 먼저 보고 충고하려는 사람들은 항상 있었다. 의견이 다르다는 이유로, 성공 혹은 실패를 해봤다는 이유로, 더 많이 안다는 이유로 나의 영역을 함부로 침범하고 간섭하려 들었다.

내가 멘탈을 유난히 중요하게 여기게 된 것도 타인에게 휘둘리지 않고 살려면 마음을 강하게 단련하는 연습이 필요하다는 것을 절감했기 때문이다. 반대로 내가 타인을 바꿔놓고 싶을 때도 있었다. 나와 생각이 다른 사람을 만났을 때, 의견이 달라 갈등이 생겼을 때, 논쟁에 휘말렸을 때면 나도 서로의 다름을 인정하고 해결 방법을 찾는 데 집중하지 못하고 아이처럼 무조건 이기고 싶다는 마음이 들었다.

이때의 경험으로 멘탈이 약한 사람일수록 문제에 초점을 맞추기보다 사람에 초점을 맞춘다는 것을 알게 되었다. 그런 사람들은 서로에게 이익이 되는 합의를 도출하기보다 상대를 무조건 비난부터 하고 본다. 살면서 이런 일을 꽤나 겪다 보니 나름대로의 대처 방식이 생겼다. 이런 사람에게는 흥분해서 긴말할 것도 없다. 침착하게 딱 한마디만 하면 된다.

"소 왓?"

이 말은 상대를 깔보거나 우습게 생각해서 하는 말이 아니다. 내가 하는 일이 무조건 옳다고 여기기 때문도 아니다. 그저 지금 내가 하는 일은 현재의 나에게 의미가 있는 것이니 함부로 판단하지 말라는 선언이다. 만약 타인이 함부로 내 일에 간섭하거나 나를 자기 멋대로 끌고 가려고 한다면 당당하게 선언하자.

"어느 누구도 나를 함부로 판단할 수 없다."


## #셔츠야힘내

먹방은 위기를 기회로 만드는 계기가 되었지만 몸의 변화를 불러오기도 했다. 먹방을 시작하고 난 후 몸무게가 103킬로그램이 넘었다. 태어나서 처음 경험하는 몸무게였다. 몸무게가 늘었다고 주변에 폐를 끼치는 일이 생기진 않는다. 다만 핏에 문제가 생길 뿐이다.

나는 그저 평소 입던 셔츠를 입었을 뿐인데 셔츠 핏은 어디로 사라지고 레깅스 핏이 나왔다. 폐업을 한 후 찍은 영상에서 구독자들에게, 더 이상 힘들다는 말은 안 할 테니 내게도 힘내라는 말은 안 해주었으면 좋겠다고 부탁드렸다. 약속은 지켜졌다. 나한테 힘내라는 말을 하는 사람은 없었다. 대신 구독자들은 "셔츠야, 힘내"라는 댓글을 달아주셨다.

그 댓글을 보고 엄청 웃었다. 웃으니 힘이 났다. 꽉 닫혔던 창문이 활짝 열리면서 시원한 바람이 들어온 것처럼 상쾌했다. 힘든 상황에서도 웃을 수 있다면 나는 그 상황을 극복해낼 수 있다고 생각한다. 폐업 전후로 극도로 힘든 시간을 보냈지만 멘탈이 무너지지 않았던 건 내가 잘나서가 아니었다. 많은 분들의 도움이 있었기에 가능한 일이었다.

어려울 때일수록 유머 감각을 잃지 않는 일이 살아가는 데 도움이 된다는 걸 다시 한 번 깨달았다. 웃음은 우울한 마음의 구름을 햇살처럼 단번에 걷어들이게 하는 마법의 묘약이다. 내가 아직 웃을 수 있다는 사실은 커다란 위로가 될 뿐 아니라 실제로 힘이 되기도 한다. 어지간한 일은 웃어넘기고 더 중요한 일, 해야 할 일에 집중할 수 있기 때문이다.

나도 한때는 '유리 멘탈'의 소유자였다. 남들이 나를 어떻게 바라볼지 신경 쓰고 사소한 평가에도 전전긍긍했다. 어렸을 때 지금과 달리 근육이 거의 없고 지방이 많은 몸이었다. 통통한 정도를 넘어 뚱뚱했다. 의자에 앉을 때 퍼지는 허벅지가 내 눈에도 보기 싫어서 의자 끝까지 몸을 붙여 편하게 앉지 못하고 엉덩이를 반쯤 걸쳐 앉는 게 습관이었다. 조금이라도 덜 뚱뚱해 보이고 싶었기 때문이다.

친구들 사이에서 몸이나 살에 대한 이야기가 화제로 오르면 내 이야기를 하는 것 같아 마음이 불편했다. 혹시라도 놀림거리가 될까 봐 걱정하면서도 겉으로는 포커페이스를 유지하느라 애썼다. 작은 농담도 웃으면서 넘길 여유가 부족했다. 평정심을 잃고 고래고래 소리를 지르는 지경까진 가지 않았지만 생각 없이 살았다면 나도 그렇게 되지 않으리라 장담할 수 있을까.

유리 멘탈 상태일 땐 속이 꼬여 있기 때문에 자신의 감정을 스스로 소화시키지 못하고 주변 사람에게, 또는 엉뚱한 상대에게 던져버린다. 본인은 감정을 표현한다고 믿지만 사실은 옹졸한 화풀이에 불과하다. 물론 유리 멘탈을 가진 사람이 도덕적으로나 윤리적, 법적으로 결함을 갖고 있는 것은 아니다. 누구라도 심한 스트레스를 느낄 수밖에 없는 환경에 오래 노출되면 멘탈이 약해질 것이다. 나도 그런 적이 있고 당신도 그런 적이 있을 것이다.

내가 약해졌다고 느끼는 순간은 세상을 바라보는 시선을 조금만 점검해봐도 안다. 유머 감각이 사라지면서 경직되고, 사고의 범위도 협소해진다. 무엇보다 매사에 감정적으로 반응하게 된다. 감정을 느끼는 것과 표출하는 것, 전달하는 것은 다른 일이다. 감정은 외부 자극에 대한 반응이기 때문에 자연스럽게 내부에서 솟아난다. 사실

감정이 생기는 것을 막을 수는 없고 모든 감정은 정당하다. 화가 날 만 하니까 화가 나는 것이고, 슬플 만하니까 슬픈 것이다.

하지만 강한 멘탈을 갖고 있는 사람은 감정을 무기로 삼지 않는다. 자신이 느끼는 감정을 왜곡하거나 변질시키지 않고 있는 그대로 느끼고 수용한다. 자기 안의 감정을 나름대로 소화시켜서 상대가 받아들일 수 있는 상태로 전달한다. 부당한 일을 겪었을 땐 화가 났음을 알리고 혼자 있고 싶을 땐 시간이 필요하다고 말한다. 상대를 공격하지 않으면서도 자신의 감정을 언어로 표현하고 전달하는 것이다.

이러한 태도는 말로는 쉬운 일 같지만 스스로 감정의 주인이 되지 않는 이상, 참으로 어려운 일이다. 정서적으로 안정되어 있는 사람은 멘탈이 강하다. 강한 멘탈을 가진다는 것은 타인과 자신에게 당당해진다는 뜻이다. 그리고 이런 당당함은 갖고 태어나는 것이 아니라 길러지는 것이다.


## 유리 멘탈은 어떻게 강철 멘탈이 되는가

나는 지금의 내가 멘탈이 강한 편이라고 생각한다. 적어도 이전보다는 단단한 멘탈을 갖게 되었는데, 그 요인으로 크게 두 가지를 꼽을 수 있다. 첫 번째는 몸을 단련했기 때문이고 두 번째는 많은 사람들을 만나며 다양한 경험을 한 덕분이다.

위기 상황에서도 무너지지 않는 강철 멘탈을 갖고 싶다면 우선 몸부터 단련하라고 말하고 싶다. 건강한 신체에 건강한 정신이 깃든다는 말은 거짓이 아니다. 몸을 스스로 통제할 수 있고 마음대로 움직일 수 있다는 사실은 엄청난 자신감과 이어진다.

눈에 보이지 않는 마음은 어떻게 할 수 없을 때가 있어도 눈에 보이는 몸은 바꿀 수가 있다. 하루하루 변하는 몸을 눈으로 확인하면 자신의 노력과 의지에 뿌듯함을 느끼게 된다. 우리 몸은 정직하다. 돌보면 돌보는 만큼, 가꾸면 가꾸는 만큼 시간에 비례해서 성과가 돌아온다. 그런 면에서 헬스를 시작한 일은 내 몸과 마음을 새롭게 탄생시킨 운명적인 만남이었다.

또 한 가지는 경험이다. 20대에 40여 개국을 여행한 경험은 내 마음에 넓이와 깊이를 부여했다. 우연한 기회에 헬스 트레이너라는 직업에 대해 알게 되었고, 기왕 하는 것 제대로 배우고 싶다는 생각이 들었다. 그렇다고 거대한 목표가 있었던 것은 아니었다. 캐나다로 워킹홀리데이를 가기로 결정했던 것도 배움에 대한 갈증 외에 누군가 글이나 사진으로 알려주는 무언가를 그저 받기만 하는 게 아니라 내가 직접 보고 느끼고 '판단'하고 싶어서였다.

영어권 나라 중에서 미국과 캐나다를 고민했는데 워킹홀리데이로 미국 비자를 받는 일은 쉽지 않았다. 그리고 당시 캐나다는 새롭게 뜨고 있는 나라이기도 했다. 일단 해외 생활의 시작은 캐나다에서 하고 기회가 되면 다른 나라도 경험해보자고 마음먹었다.

고민은 오래 하지 않았다. 나는 결정을 하면 바로 실행으로 옮기는 성향이라 가겠다고 마음먹으니 무엇을 먼저 해야 할지 순서가 정해졌다. 돈을 모으고 정보를 찾았다. 그러면서 나에 대해 정말 중요한 것 한 가지를 알게 되었다. 나라는 사람은 하고 싶은 일을 하면서 살 때 집중력이 굉장히 좋아지고 힘이 난다는 사실이었다.

내가 어떤 사람인지 아는 것은 단단한 자존감을 형성하는 데 큰 힘이 되었다. 실패할 수도 있지만 모든 것을 완벽하게 준비한 후에 도전하겠다는 생각은 하지 않았다. 해보지도 않은 일을 완벽하게 준비할 수도 없을 뿐더러 시행착오를 겪으며 빠르게 습득하면 된다고 생각했다. 세상에 완벽한 준비란 없기 때문이다.

유튜브를 시작했을 때도 고민하고 머뭇거리기보다 일단 시도부터 했다. 완벽하게 준비하려면 1년이 지나도, 아니 10년이 지나도 못할 것 같았다. 부족한 점은 하면서 차차 개선하면 된다고 생각했다. 하나둘 경험이 쌓이면서 회사 운영 등 중요한 일은 물론 충분히 고민하고 결정을 내렸지만 이거다 하는 판단이 서면 바로 행동에 옮기는 것이 더 낫다는 것을 알았다. 이렇게 내린 결정의 결과가 항상 좋은 것은 아니었지만 결정을 내린 사람이 나 자신이기에 뒷일도 성실하게 책임질 수 있었다.

하고자 하는 일을 못 하는 데는 다들 나름대로의 사정이 있을 것이다. 그런데 그 사정이라는 게 진정한 방해물인지 미루기 위한 핑계인지는 사실은 자신이 더 잘 알기 마련이다. 사람들이 가장 흔하게 하는 말 중 두 가지가 '돈이 없다'와 '시간이 없다'인데, 돈이 있고 시간이 있을 때까지 기다려서 이룰 수 있는 일이 과연 얼마나 될까.

다시 말하면 돈과 시간은 우리를 결코 기다려주지 않는다. 돈과 시간을 내 편으로 만드는 유일한 방법은 더 많이, 더 자주, 더 효율적으로 행동하는 것이다.

그렇다면 행동력을 높이기 위해 무엇을 해야 할까? 예를 들어 운동을 생각해보자. 우리가 근육을 키우고 몸을 단련하는 이유는 단지 멋진 몸을 만드는 데 있는 것만은 아니다. 힘을 쓰고 이동하고 움지일 때 최고의 상태를 만들기 위해서다. 궁극적으로는 뛰어나게 기능하는 몸이 되기 위해서인 것이다. 스테로이드 약물로 몸을 크게 부풀려서 감탄이 나올 만한 몸이 되더라도 몸에 부작용이 생기면 무슨 소용인가. 그것은 건강한 방법이 아니다.

운동을 해보면 안다. 몸이 건강하고 탄탄해질수록 자신감도 높아진다는 것을. 완벽한 몸을 가져서가 아니라 운동을 하는 과정에서 끈기, 자신감, 절제력 등 삶을 살아가는 데 꼭 필요하고 중요한 것을 배우게 되기 때문이다.

건강한 몸이 되려면 근육을 강화해야 한다. 근육은 체력의 기본을 만든다. 근육을 키워야 덜 지치고 덜 피곤한 몸이 된다. 그래야 다시 운동할 수 있으며 그렇게 되면 체력이 더 좋아지는 선순환이 일어난다. 그 반대도 생각해보자. 근육이 없으면 체력이 떨어지고 체력이 없으면 무기력하고 게을러지기 쉽다. 의욕이 없는 사람들 중에는 근력 운동으로 삶의 의욕을 되찾는 이들이 많다. 의외로 삶의 여러 문제가 체력과 연관되어 있다. 그러니 일단 체력을 키우고 나서 다른 문제를 생각해봐도 좋다.

그리고 신체 근육을 강화하는 것처럼 마음 근육을 강화하자. 우리 몸은 단련할수록 강해진다. 건강한 몸을 만들기 위해선 코어 근육을 강화하는 게 좋다. 코어 근육은 자세를 바로잡아주고 근 성장을 위한 기본 토대를 마련해준다. 마음도 마찬가지다. 유리 멘탈에서 강철 멘탈로 거듭나고 싶다면 마음의 코어 근육부터 키우자.

준비되었는가? 이제부터 타락한 헬스 트레이너가 안내하는 극강의 멘탈 강화 헬스가 시작된다. 웃음기 빼고 시작하자. 힘든 순간이 찾아올 것이다. 편했던 과거로 돌아가고 싶어질 것이다. 그러나 여기까지 온 이상 '빠꾸는 불가'하다. 이 길은 일방통행 직진이다. 끝까지 해내는 당신에게 한 가지는 반드시 약속할 수 있다. 이 길의 끝에서 당신은 진짜 자신을 만나게 되리라는 것. 기대해도 좋다.

# PART2

# 코어 근육을 강화하라

**GUIDE**

코어 근육은 우리 몸의 중심부인 척추, 골반, 복부를 지지하는 근육을 말한다.
상체와 하체를 이어주며 척추와 골반이 흔들리지 않게 받쳐주고 균형을 잡아준다.
말 그대로 몸의 중심 근육이다.
코어 근육은 우리 몸을 보호하는 갑옷과 같다.
몸을 곧게 세우거나 걸을 때 또는 자세를 유지할 때 신체 활동의 안정성을 높여준다.
코어 근육의 힘이 부족하면 척추뿐 아니라 목, 골반까지 문제가 생긴다.
몸 전체의 균형이 무너져 허리 통증이나 골반 통증이 쉽게 발생하기도 한다.
삶의 질이 떨어지는 것은 물론이고 우울증이나 불안 장애도 생길 수 있다.

마음의 코어 근육은 '자존감'이다.
자존감은 자신을 존중하는 마음이다.
당신은 당신 자신을 어떤 태도로 대하고 있는가?
장점은 물론 단점까지 수용하며 객관적으로 보고 있는가?
위기의 순간에도 자신의 편이 되어 격려하고 있는가?
내 몸의 변화가 내 몸을 제대로 인식하는 것에서부터 시작되듯
내 삶을 변화시키려면 변화의 주체가 나라는 걸 분명히 해야 한다.
대표적인 코어 운동인 스쿼트, 런지, 버드독, 플랭크를 실천하자.
동시에 마음의 코어 근육인 자존감을 키우자.

# 마음의 코어 근육,
# 자존감

## Warming-up

코어 근육을 강화하는 데 좋은 운동은 스쿼트, 런지, 버드독, 플랭크
다. 도구나 기구 없이 맨몸으로 집에서도 할 수 있는 운동이면서도
제대로만 한다면 효과는 강력하다. 이 운동들은 쉽고 단순한 동작이
지만 몸 전체에 영향을 미친다. 근육을 성장시키는 호르몬이 분비되
고 기초대사량이 증가해서 혈액순환이 원활해진다. 몸속 노폐물과
독소를 배출하기도 쉬워진다. 그러므로 스쿼트, 런지, 버드독, 플랭
크 이 네 가지 동작만 제대로 해도 몸에 어마어마한 변화가 생긴다.

　건강을 위해 값비싼 도구나 어려운 운동이 반드시 필요하진 않

다. 내 삶을 자신 있게 살아가기 위해 천재적인 재능이나 많은 돈이 필요한 것도 아니다. 건강한 자존감만 갖추고 있으면 된다. 신체의 코어 근육을 강화하듯 마음의 코어 근육인 자존감을 강화하자. 자존감은 자신을 긍정하는 일에서부터 출발한다. 자기 긍정은 모든 것을 해내게 하는 강력한 힘을 지니고 있다. 반면 자기 부정은 마음을 병들게 하는 노폐물과 독소다. 한 번뿐인 인생이다. 쓸데없는 걱정과 고민으로 삶을 망가트리지 말자. 당신의 삶은 당신에게 최고의 선물이다.

## 한 번뿐인 인생, 하나뿐인 몸

미리 말하겠다. 이 책은 순한 맛과는 거리가 멀다. 어설픈 위로는 하지 않겠다. 내가 준비한 것은 오직 매운 맛이다. 스스로 성인이라고 생각하는가? 그렇다면 삶에 관해 어리광을 부리며 징징대는 것은 그만두자. 어리광은 아이가 부려야 귀여운 것이다. 다 큰 성인이 할 짓은 아니다.

자신이 아직 아이라고 생각한다면 이 책을 빨리 접길 바란다. 아이에게 코어 근육을 강화하는 강도 높은 운동은 맞지 않기 때문이다. 그러나 당신이 스무 살이 넘은 성인이고 살면서 쓴맛, 매운맛, 신맛, 단맛, 짠맛을 골고루 맛봤다면 자격이 있다. 어느 정도 맷집이 생겼을 테니 강하고 독한 운동도 견뎌낼 것이라 믿는다.

누구나 현실이 휘두른 주먹에 맞아 쓰러질 때가 있다. 그 주먹은 코로나19, 친구의 배신, 연인과의 이별, 실직 등 다양한 패턴으로 우리를 공격한다. 숨을 곳을 찾아 도망가도 끈질기게 추적해와 기어이 급소를 가격한다. 정신을 차리고 두 눈을 부릅뜨고 현실과 맞짱 한번 떠보려 해도 녹록치 않다. 부모님은 보험 때문에 싸우고, 연봉은 깎이고, 빚을 내서 산 주식 종목은 오늘 또 떨어졌다. 성격 이상하다는 소리 들을까 봐 하고 싶은 말도 제대로 못 하고 사는데 오랜만에 연락 온 친구는 돈을 빌려달라고 한다. 연애는 꿈도 못 꾸고, 이번 달 카드 빚 때문에 청약통장을 깨야 하나 고민이다.

그런데 이런 나와 달리 남들의 현실은 좀 좋아 보인다. 유복하고 다정한 부모에게서 태어났고, 높은 연봉이 보장된 직장에 다니는데다 주식도 사는 종목마다 상한가다. 어디 그뿐인가. 성격도 좋아서 주변에 친구도 많다. 연애도 문제가 없고 처음 청약을 넣은 아파트에 당첨되기까지 했다.

남의 인생은 달콤하고 감동적인 로맨스 영화로 보이는데 내 인생은 병맛이 더해진 B급 공포 영화 같다. 불행은 좀비처럼 되살아나고 불운은 바이러스처럼 번져간다. 나는 왜 돈이 없을까? 나는 왜 좋은 부모 밑에서 태어나지 못했을까? 나는 왜 더 멋진 외모를 갖지 못했을까? 도대체, 왜 나는 이렇게 태어났을까?

해답을 찾을 수 없는 질문을 던지다 결국엔 이런 생각을 할지도 모른다. 이 모든 것이 내가 좋지 않은 환경에서 태어났기 때문이라고. 좋은 환경에서 태어났다면 나도 좀 다르게 살았을 것이라고. 환경이 사람을 만드는 것은 부분적으로만 맞다. 그러나 더 정확히 말하자면 환경은 사람을 만드는 것이 아니라 단지 그가 어떤 사람인지 드러낼 뿐이다.

그렇다. 우리가 처한 환경은 우리가 어떤 사람인지 드러낸다. 위기 앞에서 당신은 어떤 모습을 보이는가? 도망치는가, 얼어붙는가, 직면해서 맞서 싸우는가? 당신이 어떤 사람인지 알려주는 것은 환경이 아니라 당신이 환경에 대처하는 모습이다.

그러니 부모를 탓하고 친구를 탓하고 남을 탓하고 코로나19를 탓하는 것을 그만두자. 과거를 탓하고 현재를 탓하고 미래를 탓하는 것도 그만두자. 탓하는 것으로는 그 무엇도 바뀌지 않는다. '탓하기 게임'에 한번 빠지면 헤어 나오기 어렵다. 게다가 탓하기 게임은 끝없는 희생을 요구한다. 이 탓을 하면 저 탓을 하게 되고 저 탓을 하면 이 탓을 하게 된다. 밑도 끝도 없는 불평불만이 한여름 모기떼처럼 당신에게 달려들 것이다.

우리가 대처하기 어려운 환경에 놓이는 경우도 물론 있다. 뜻하지 않게 상실을 경험하고 비극적인 사건을 겪기도 한다. 아무리 조심스럽게 안전 운전을 해도 교통사고를 당하기도 하는 것처럼 말이다. 그러나 삶의 고속도로에서 벌어진 사건이 우연이든 필연이든 그 사건에 어떻게 대처하는가는 내 책임이다. 이것은 어떤 경우에도 변함이 없다. 내 인생이기 때문이다.

현실이 우리를 향해 휘두르는 주먹을 멈추게 할 수는 없다. 그러나 막아내거나 맞서 싸울 수는 있다. 내 몸을 다른 사람의 몸과 바꿀 수는 없다. 그러나 지금보다 더 좋게 변화시킬 수는 있다. 우리는 선택할 수 있다. 시작할 수도 있고 끝낼 수도 있다. 도전할 수도 있고 포기할 수도 있다. 나아갈 수도 있고 멈출 수도 있다. 근육을 키울 수도 있고 지방을 늘릴 수도 있다. 잘못을 비난할 수도 있고 나아진 점을 격려할 수도 있다. 어쩔 수 없다고 생각할 수도 있고, 해낼 수 있다고 생각할 수도 있다. 당신은 어떤 선택을 하고 싶은가?

우리는 현재의 삶을 현재의 몸으로 살아간다. 한 번뿐인 인생이고, 하나뿐인 몸이다. 이 삶 말고 다른 삶은 없고, 이 몸 말고 다른 몸도 없다. 이 삶이 싫다고 다른 삶으로 가거나 이 몸이 싫다고 다른 사람의 몸으로 들어갈 수도 없는 노릇이다. 우리가 할 수 있는 일은 일단 받아들이는 것이다. 지금의 상황에서 더 나아가고 싶다면, 지금의 나보다 더 나아지고 싶다면 일단 지금의 내 모습과 삶을 있는 그대로 인정하는 것부터 시작해야 한다.

삶을 바꾸고 싶은가? 가능한 일이다. 변화를 시도할 때 우리 몸은 달라진다. 기지개를 힘차게 켜고 숨을 크게 쉬자. 뼈와 뼈 사이에 쌓여 있는 두려움을 쓸어내자. 근막과 근막 사이에 끼어 있는 게으름도 털어내자. 우리의 혈관 속에 의지와 자유를 흐르게 하자. 변화를 시작한 당신을 열렬히 환영한다.


## 내 삶의 주인공은 바로 나 자신

하루를 어떤 마음으로 맞이하고 있는가? 오늘도 어제처럼 의미 없고 고단한 날이라고 생각하는가? 다시 태어난 듯 새로운 마음으로 하루를 맞이하는가? 눈을 뜨자마자 느끼는 기분이 현재 삶의 만족도를 알려주는 디폴트값이다. 매일 아침 불행하고 짜증나는 기분으로 하루를 맞는다면 그것은 삶에 변화가 시급하다는 징조다. 그리고 그 변화의 주체는 나 자신이어야 한다.

신체 근육을 단련시키려면 코어 근육부터 시작해야 하듯 마음 근육을 키우려면 가장 먼저 다져야 하는 것이 있다. 바로 '자존감'이다. 코어 근육이 탄탄할 때 신체 밸런스가 생기는 것처럼 자존감을 높여야 삶의 균형을 이룰 수 있다.

자존감은 태어날 때부터 정해져 있지 않다. 근육을 단련해 튼튼하게 만드는 것처럼 자존감도 단단하게 키워나갈 수 있다. 자존감은 스스로를 어떻게 바라보고 생각하느냐에 따라 달라진다. 자신을 만족스럽게 생각하면 자존감이 높아지고, 별 볼 일 없는 인간이라고 비하하면 자존감이 낮아진다.

사람은 누구나 자신을 중심으로 생각한다. 자신의 생각이 옳다고 생각하고 자신의 감정이 타당하다 믿는다. 마치 중세 시대 사람들이 지구를 중심으로 태양이 돈다고 믿은 것처럼 사람들은 대부분 자신을 중심으로 세상이 돈다고 생각한다. 머리로는 내가 조직의 일원이고 바다의 물 한 방울에 지나지 않는 존재라는 것을 인지하지만, 어떤 상황에서도 나를 중심에 놓고 생각하기 때문에 타인의 입장이 되기란 내 영혼이 다른 사람의 몸 안으로 들어가는 일만큼이나 어렵다.

그렇기에 어느 날 어떤 사건으로, 내가 없어도 세상이 잘 돌아가고 내가 '내 생각보다' 그리 중요한 사람이 아니라는 사실을 깨닫는 순간 커다란 충격을 받는다. 그만큼 사람은 자기중심적으로 생각하는 것에 익숙하기 때문이다.

그러나 자아가 깨지는 순간이 반드시 나쁜 일인가? 그렇지 않다. 오히려 반드시 깨져야만 한다. 알을 깨고 나온 병아리처럼, 그동안 자신이 전부라고 생각한 세계가 사실은 작은 알 속에 불과했다는 것을 확인하는 일은 아픈 경험이지만 죽을 정도로 힘든 경험은 아니다.

새로운 세계로 나와야 할 때, 즉 기존의 생각을 점검해야 할 때 의도적으로 회피하거나 거부하는 사람들은 평생 '유아적 태도'에서 벗어나지 못한다. 그들은 엄마 없이 생존할 수 없는 아기처럼 타인을 자신의 욕구를 채워주는 상대로만 인식하며 의존을 넘어 타인에게 기생하는 삶을 살게 된다.

또한 상처를 입지 않으려고 지나치게 자신을 보호하는 데 급급하면 어떤 성장도 이룰 수 없다. 근육이 파열되고 회복되는 과정을 통해 근 성장이 이뤄지듯 정신도 기존의 생각을 끊임없이 깨면서 새로운 생각을 받아들일 때 성숙해진다. 사는 동안 이런 경험을 반복하면서 객관성을 확보하게 되고, 자아가 깨지는 경험을 통해 우리는 비로소 자신을 타인의 눈으로 바라보게 된다. '생각으로만 생각하던' 자신의 몸을 거울을 통해 리얼하게 보는 것과 같다.

자신의 알몸을 거울로 한 번이라도 본 적이 있는 사람이면 알 것이다. 대개는 좀 부족한 면이 먼저 눈에 띈다. 그러나 내 몸에 부족한 점이 보이더라도 눈을 가리고 마구 소리를 지르거나 거울을 깨부술 만큼 싫어하진 않을 것이다. 만약 그런 지경이라면 치료가 필요하다.

보통 사람은 자신을 생각할 때 부족한 면도 있지만 괜찮은 면도 있다고 여기고, 엄청나게 만족스럽지는 않아도 미워하진 않는다. 건강한 자존감을 갖고 있는 사람은 자신을 진정으로 좋아하고 타인에게도 자연스러운 친밀감을 느낀다.

반면 자존감은 낮으면서 자존심만 높은 사람들이 있다. 이런 사람들은 누군가를 진정으로 존중할 줄 모른다. 자신만이 최고라고 생각하며 함부로 갑질을 일삼거나, 타인을 감정 쓰레기통으로 취급하며, 남이 잘되면 시기와 질투에 눈이 먼다. 누군가를 깊게 신뢰해본 경험이 없기에 사람을 쉽게 속인다. 가까운 사람도 질릴 만큼 의존적이거나 한없이 받고 싶어 하기만 할 뿐 베풀 줄은 모른다. 타인의 실수엔 엄격하지만 자신의 어리광은 쉽게 허용한다. 게다가 타인의 말과 행동에 지나치게 의미를 부여해 과민한 반응을 보인다. 자신을 객관화해서 볼 줄 모르기에 일이 잘못되었을 때 어떤 책임도 지지 않는다.

자존감이 낮을 때 생기는 가장 치명적인 일은 내가 내 삶의 주인공으로 살아가지 못한다는 것이다. 타인의 삶에서 나는 조연일 수 있다. 그 사람 인생의 주인공은 그 사람이기 때문이다. 그러나 내 삶에서만큼은 내가 주인공이다. 그런데 자존감이 낮으면 내 삶에서조차 조연도 아니고 엑스트라처럼 살아가게 된다. 내가 내 삶의 주인공이지 못하니 남의 삶을 기웃대며 주인공 역할을 뺏으려 하고 길가를 지나가는 행인 1이라도 되려고 기웃거린다. 그러느라 정작 내 삶은 더 황폐해지는데도 말이다.

　나도 한때는 자존감이 낮은 사람이었다. 자신을 좋아하지도 않았고, 자랑스러워하지도 않았다. 잘하는 것도 없었고 하고 싶은 일도 없었다. 학교 공부에도 흥미가 없었다. 대학도 부모님 등쌀에 못 이겨 집 근처에 있던 전문대학 전기과에 입학했다. 그때 학교에서 배운 내용 중 기억나는 건 단 하나도 없다.

　당시엔 세상에 대한 불만도 많았다. 자존감이라는 말도 모를 때였지만, 지금 돌이켜보면 그때의 나는 자존감이 무척 낮은 상태였던 것 같다. 내가 달라지기 시작한 건 운동을 하면서부터다. 근육을 단련하는 만큼 마음도 단단해졌다.

　몸은 하루아침에 저절로 변하는 게 아니었다. 생각만으로 변하는 것도 아니었다. 직접 움직이고 땀을 흘리면서 서서히 만들어가는 것이었다. 운동을 통해 나는 끈기와 인내가 얼마나 가치 있는 것인지 배웠다. 몸이 변하니 마음이 변했고, 마음이 변하니 몸이 더 좋아졌다. 사람의 몸과 마음이 밀접한 연관이 있다는 것을 깨닫게 된 것이다.

　그리고 어느 날 확연히 달라진 나를 거울 속에서 발견했을 때 그제야 잘하는 게 하나도 없다고 생각했던 과거의 기억에서 벗어날 수 있었다. 내 힘으로 변화를 만들어낸 경험은 세상 무엇과도 바꾸고 싶지 않을 만큼 뿌듯했다.

스쿼트와 런지를 하며 내 신체의 장점과 단점을 파악했고, 버드독과 플랭크를 하며 내가 어떤 순간에 포기하고 싶은지, 어떤 순간에 이겨내는지 파악하게 되었다. 이제는 남과 나를 비교하지 않는다. 다만 과거의 나와 비교할 뿐이다. 그리고 시간이 지날수록 점점 더 나은 내가 되어가고 있다고 생각한다. 모르는 것은 배우고 부족한 점은 채우면 된다는 배짱도 생겼다. 남 앞에 나서는 일도 거의 없던 내가 누군가를 가르치고 유튜브 방송까지 하고 있으니 외모는 물론 성격도 크게 변한 셈이다.

몸을 변화시키며 마음을 변화시키든, 마음의 변화로 몸의 변화를 만들어내든 한쪽이 변하면 다른 쪽도 변한다. 어떤 사람은 마음의 변화를 우선할 것이고, 어떤 사람은 몸의 변화를 우선할 것이다. 나는 몸의 변화를 통해 삶의 변화를 이뤄낸 사람이라 그런지, 변화를 바란다면 몸부터 움직이라고 권하는 편이다.

힘들고 지쳐서 아무 의욕이 없는가? 팔을 위로 쭉 뻗어보라. 다리를 힘껏 들어보라. 자리에서 일어나 내 몸을 내 의지대로 움직여보라. 매일매일 코어 근육을 강하게 단련시켜라. 스쿼트를 할 때마다 의지가 생기고, 런지를 할 때마다 균형감이 잡히고, 버드독을 할 때마다 허리 통증이 줄어들고, 플랭크를 할 때마다 자신감이 생길 것이다. 몸이 변하면 마음도 변한다. 몸과 마음이 변하면 인생이 변한다.

# 핏블리의 멘탈 강화 트레이닝

## 스쿼트

1 발을 어깨너비로 벌리고 서서 발끝을 바깥을 향해 40~45도로 벌린다.
2 골반을 뒤로 당긴다는 느낌으로 천천히 엉덩이를 낮춰 앉는다.
3 팔은 앞으로 뻗어도 되고 팔꿈치를 접어 가슴 앞에 모아도 된다.
4 상체를 곧게 세우기 위해 복근에 힘을 주며 앉았다가 천천히 무릎을 펴며 올라온다.
5 앉으면서 숨을 들이쉬고 일어서면서 숨을 내쉰다.

아직도 스쿼트 그렇게 하세요?
스쿼트 할때 꼭 봐야하는 영상!
| 스쿼트 하는 법 고퀄 영상공개

스쿼트 제발 이렇게 하지 마세요..
이렇게 하세요!

---

## 내 인생 최고의 날

내 인생의 가장 빛나는 날을 상상해보자. 어떤 장소에 있는가? 유명 인사들이 모여 있는 무대 위인가? 바다가 한눈에 보이는 호텔인가? 비행기 더 레지던스 클래스인가? 그곳에 있는 이유는 무엇인가? 혼자 있는가, 누군가와 함께 있는가? 다른 사람과 함께 있다면 그 사람은 누구이고, 어떤 사람인가? 내 인생 최고의 날을 어떻게 보낼지 마음껏 상상해보자.

# 나 외에 다른 사람이 될
# 필요는 없다

## Warming-up

코어 근육을 강화하는 운동법의 원리는 같다. 그러나 같은 운동법으로 몸을 단련한다고 해서 똑같은 몸이 되지는 않는다. 사람마다 골격과 지방분포도 등 체형이 다르기 때문이다. 우리 몸은 뼈와 근육과 내장과 신경세포 등으로 이뤄져 있다. 그런데 생김새는 천차만별이다. 생각해보면 참 놀라운 일이다. 구성 요소는 같은데 완전히 다른 모습이니 말이다.

같은 재료로 만든 음식도 누가 만들었느냐에 따라 맛이 달라진다. 레시피가 정해져 있는 라면조차 끓인 사람에 따라 다른 맛을 낸다. 한날한시에 태어난 쌍둥이조차 완벽하게 같지는 않다. 한 사람의 존재가 특별한 이유는 바로 그 고유성 때문이다. 내가 다른 사람과 다르다는 것은 저주가 아니라 축복이다. 나 외에 다른 사람이 될 필요가 없기 때문이다. 나는 그저 내가 되면 된다. 다른 사람과 다르다는 것, 그것이야말로 당신의 개성이자 프라이드다.

## 오직 자신만이 할 수 있는 질문을 던져라

당신의 삶을 영화로 만든다고 생각해보자. 어디에서 투자를 받아서 누가 제작을 할 것이며 어떤 감독에게 연출을 맡길 것인가? 주연 배우는 누가 좋겠는가? 사실 선택의 여지는 없다. 투자자도, 제작자도, 감독도, 주연 배우도 당신이기 때문이다. 자기 삶을 영화로 만드는데 가장 중요한 역할을 자신 외에 누가 맡겠는가? 누가 대신 나선다 해도 그 사람에게 넘겨줄 일이 아니고, 남에게 부탁할 일은 더더욱 아니다. 당신의 영화는 당신이 책임을 져야 한다.

영화 시나리오부터 생각해보자. 어떤 내용으로 영화를 채우고 싶은가? 주인공이 지지리 궁상을 떨면서 고생만 하다가 비참하게 죽는 내용으로 만들고 싶은가? 중간에 시련도, 고난도 겪지만 멋지게 이겨내는 내용으로 만들고 싶은가? 영화의 하이라이트는 어떤 부분으로 하고 싶은가? 주인공은 어떤 캐릭터를 가진 사람인가? 그는 무엇을 갈망하고 있는가? 무엇을 두려워하고 있는가? 그는 어떤 실패를 해왔는가? 그리고 그 실패를 어떤 방식으로 극복했는가? 그가 가장 소중하게 여기는 것은 무엇인가? 그 사람 주변에 있는 사람들은 어떤 사람들인가? 친구들인가? 적인가? 혼자 외롭게 싸우는 중인가? 멋진 동료들과 팀을 이루고 있는가? 당신이 하는 일은 비밀스러운 일인가? 다른 사람들에게 널리 알려진 일인가? 당신은 어디를 향해 가고 있는가?

당장 영화 한 편을 만든다고 생각해도 수천 개의 질문이 쏟아질 것이다. 그런데 당신은 자신에게, 그리고 자신의 삶에 어떤 질문을 던지면서 살고 있는가? 어떤 질문도 하지 않으면서 남이 정해준 답만 따라가는 사람은 아니길 바란다.

자존감이 중요하다는 것은 당신도 이미 알고 있다. 그런데 자존감을 높이기 위한 방법은 알고 있는가? 아마도 그럴 것이라 믿는다. 수많은 책을 읽었을 것이고, 다양한 강의를 들었을 것이다. 누군가의 조언에 귀를 기울이거나 검색을 통해 정보를 찾았을지도 모른다. 그런데 자신에게 물어본 적은 있는가? 자신이 어떤 사람인지 말이다.

"당신은 도대체 누구인가?"

이 질문을 당신에게 한다면 당신은 자신을 누구라고 대답할 것인가. 우리 뇌는 질문을 하면 답을 찾으려는 성향이 있다고 한다. 사실인지 아닌지는 간단한 실험으로 증명할 수 있다. 아무 질문이나 던져보자.

"잠들기 전에 할 일이 뭐지?"

"내일 약속한 친구와 어디에서 만나기로 했지?"

질문이 떨어지기 무섭게 대답을 하려고 들지 않는가. 심지어 방 안에 빨간색 물건이 몇 개나 있는지 물어보자마자 당신의 눈은 이미 방 안을 둘러보고 있을 것이다. 이렇듯 우리는 평소에 수많은 질문 속에서 살아간다. 내일 점심 메뉴로 무엇을 먹을까 하는 질문부터 남북통일과 아카데미 작품상에 대한 질문은 물론 우주의 기원과 미립자와 소행성, 인체의 신비에 대한 질문도 할 수 있다. 호기심을 유발하고 긍정적인 마인드를 갖게 하는 질문은 정신을 고양시킨다. 반면 그렇지 못한 질문도 있다.

"저 사람 날 무시하나?"

"그렇게 말하지 말 걸 그랬나?"

당신이 자주 하는 생각이 당신이라는 사람을 만든다. 당신이 자주 하는 질문 또한 당신의 삶을 만든다. 당신이 인생에서 이루고 싶은 꿈을 어떻게 이룰 수 있을지 질문하면 당신의 뇌는 그것을 이루기 위한 방법을 생각할 것이다. 좋은 질문이 좋은 답을 찾게 한다. 오직 당신만이 할 수 있는 질문을 스스로에게 던져라. 당신은 어떤 삶을 살고 싶은가?

## 가장 가치 있는 일은 자신의 삶을 살아가는 것이다

사람마다 선호하는 운동이 다른 것처럼 삶을 살아가는 방식 또한 저마다 다르다. 처해 있는 상황도 다르고 보람을 느끼는 일도 다르다. 잘하는 것도 다르고 좋아하는 것도 다르다. 성공하는 분야도 다르고 시기도 다르다. 자신이 원하는 것이 무엇인지 정확하게 알고 있는 사람도 있지만 원하는 것이 크게 없는 사람도 있다.

누군가는 깊은 산속에서 자연인으로 살아가고, 누군가는 넓은 바다에서 서퍼로 살아간다. 한강 야경이 한눈에 내려다보이는 도심 한가운데 아파트에서 사는 것을 성공의 척도로 삼는 사람도 있고, 정원이 있는 전원주택에서 사는 것을 성공이라고 여기는 사람도 있다. 누군가는 월급을 받을 때 기쁨을 느끼지만 나는 월급을 줄 때 기쁨을 느낀다.

사람들마다 다른 생각을 갖고 있지만 한 사람 안에도 서로 다른 생각이 들어 있다. 우리 마음은 일사불란하게 움직일 때보다 서로 다른 방향을 가리킬 때가 오히려 더 많다. 좋아하는 일을 선택했는데 잘하는 일을 할 걸 그랬다며 후회한다. 잘하는 일을 하면서 좋아하는 일을 하는 사람을 선망한다. 자장면을 먹으면 짬뽕이 생각나고, 김치찌개를 먹으면서 부대찌개를 떠올린다. 목표를 정확하게 인식하고 앞으로 나아가지만 동시에 갔던 길을 되짚으며 돌아가고 싶다.

이 모든 것은 무엇을 의미하는가? 복잡한 인생에 지쳐 드디어 정신줄을 놓은 걸까? 정상이라고 생각했지만 사실은 우리가 미친 걸까? 그렇지 않다. 혼란스러움은 어느 정도 인생의 조건이다. 한 가지 다행스러운 일은 우리가 완벽할 필요가 없다는 것이다. 우리는 온전한 존재로 태어났다. 자기 자신으로 태어난 것으로 모든 조건을 다 갖춘 것이다.

그러니 하나부터 열까지 완벽하려고 애쓰지 마라. 완벽하려고 애쓰는 사람은 강박증 환자일 뿐이다. 물론 완벽하게 잘해내는 사람들도 있다. 그러나 그 사람 역시 잘 살펴보면 어떤 분야의 잘하는 종목이 있을 뿐이지 삶의 모든 영역에서 모든 것을 완벽하게 잘하는 것은 아니다.

인생의 성공은 완벽함을 추구할 때 '얻는 것'이 아니라 내가 내 삶을 살아갈 때 '느끼는 것'이다. 자기 삶을 살아가는 사람은 인생 자체를 최고의 예술품으로 만든다. 오해는 하지 말자. 삶이라는 최고의 예술품은 고급 아파트, 외제차, 명품 시계로 만들어지는 것이 아니다. 내 생각과 감정과 헌신으로 섬세하게 세공되는 것이다.

어떤 삶을 살아가야 할지 모른다고 좌절할 필요는 없다. 잘하는 것이 없다고 단정을 짓기에도 이르다. 좋아하는 일을 포기했다고 낙담하지 않아도 된다. 우리는 아직 우리 자신의 삶을 다 살지 않았다. 삶을 다 살지 않았다는 것은 발견하고 찾을 수 있는 영역이 여전히 있다는 의미다. 탄탄한 몸을 만들고 싶은가? 그렇다면 코어 근육을 단련하라. 스쿼트를 하며 엉덩이 근육을 만들라. 런지를 통해 허벅지의 힘을 느껴라.

당신은 아직 당신의 몸을 모른다. 당신의 몸은 더 좋아질 수 있다. 가치 있는 삶을 살아가길 바라는가? 그렇다면 가치 있는 사람이 되라. 당신은 아직 자신의 가치를 잘 모르고 있다. 자신을 긍정적으로 바라보며 가고 싶은 곳을 가고 해보고 싶은 것을 하라. 삶은 이해하는 것이 아니라 경험하는 것이다.

처음부터 잘하지 않아도 괜찮다. 도전하고 시도하면 어렵던 것도 쉽게 느껴지는 때가 온다. 처음부터 스쿼트 열 개를 하긴 어려워도 한 개는 할 수 있다. 한 개를 해낸 사람은 두 개를 할 수 있고, 두 개를 하게 되면 세 개도 하게 된다. 남이 열 개 한 것을 부러워하기보다 내가 해낸 한 개를 뿌듯해하면 된다.

할 수 없는 이유와 변명을 생각할 시간에 스스로 할 수 있는 것을 찾아 시작하라. 실패나 성공은 중요하지 않다. 시작했으면 과정을 이어나가는 것에 초점을 맞춰라. 결과에 연연하지 말고 앞으로 나아가라. 목표를 정하고 꾸준히 해나가는 과정 그 자체를 즐겨라. 실패 혹은 성공이라는 결말은 과정의 일부로 주어지는 것일 뿐 그 일의 전부가 아니다. 누군가 성공하면 칭찬하고 실패하면 비난한다 해도 그것은 결과에 대한 평가이지 결코 나 자신에 대한 평가는 아니다. 타인의 평가에 일희일비하지 않아도 된다.

자존감은 타인의 인정에서 오는 것이 아니라 스스로를 똑바로 마주볼 때 생긴다. 타인의 인생을 위해 희생하지 말고 자신의 인생을 위해 헌신하라. 대담하게 나아가라. 당신의 삶은 당신이 더 힘껏 뛰어들기를 기다리고 있다.

# 핏블리의 멘탈 강화 트레이닝

## 런지

1   바르게 선 후 한쪽 다리를 한 발 앞으로 내딛는다.
2   뒤쪽 다리의 무릎을 바닥에 닿을 듯 굽힌다.
3   2와 동시에 앞으로 뻗은 다리의 고관절을 뒤로 당긴다는 느낌으로 90도 각도로 내린다.
4   다시 다리를 천천히 펴서 상체를 올린다.
5   한쪽 다리만 여러 번 반복한 뒤 다른 쪽 다리로 바꿔 해도 되고 번갈아 움직여도 된다.

단기간 최고의 힙업 운동 런지
| 엉덩이 자극 100%

런지 제발 이렇게 하지 마세요!
이렇게 하세요!
엉덩이 개입 높이는 법

- - - - - - - - - - - - - - - - - - - - - - - - - - - - - - - - - - -

## 나만의 장점 찾기

자신의 장점을 세 가지 써보자. 남들이 어떻게 생각하든 내가 나의 장점이라고 여기는 것은 무엇인가? 아침에 잘 일어나는 것이나 신발 끈을 잘 매는 것이라도 괜찮다. 소소한 것이든 거창한 것이든, 내가 좋아하는 것이든 싫어하는 것이든 '이건 내가 잘하지'라고 생각하는 것이라면 무엇이든 오케이다. 일단 세 가지를 써본 후 항목에 공통점이 있는지 찾아보자. 이 장점을 더 발전시킨다면 나의 어떤 점이 변하겠는가?

# 시작하고 지속하고
# 달성하고 다시 시작하라

## Warming-up

코어 근육을 강화하는 운동을 시작했다면 꾸준히 유지하는 법을 배우자. 한 달 동안 세 시간 운동하는 것보다 매일 삼십 분씩 하는 게 낫다. 운동을 일상의 루틴으로 자리 잡게 하는 데 도움이 되는 세 가지 방법을 소개한다.

첫째, 관절가동범위(ROM, Range of Motion)를 사용한다. 관절가동범위란 관절을 구부리거나 펴고 회전시킬 수 있는 최대 각도를 말한다. 관절가동범위를 최대한 활용하면 근섬유에 수축과 이완을 통한 자극이 가해져 근육이 발달하고 근력이 향상된다. 그러나 현재의 몸 상태를 고려하지 않으면 부상을 당할 위험이 있으니 반드시 자신의 유연성과 근력 수준을 고려하자.

둘째, 영양분을 잘 섭취한다. 운동 후 영양소를 충분히 섭취하지 않으면 근 회복이 더딜 수밖에 없다. 특히 다이어트를 목적으로 운동한다면 영양 섭취에 더욱 신경 써야 한다. 저지방 단백질과 복합 탄수화물 위주의 식단을 짜서 양질의 영양소를 공급하자. 살은 뺐지만 건강을 해친다면 얻는 것보다 잃는 것이 더 많다.

셋째, 운동 후에는 적절한 휴식을 취한다. 퇴근하고 운동을 두 시간 했는데 집에 가서 넷플릭스를 새벽 4시까지 보고 아침 7시에 일어나 출근하는 생활을 반복한다면 몸이 좋아질래야 좋아질 수가 없다. 우리 몸은 밤 10시부터 새벽 2시 사이에 성장호르몬이 가장 많이 분비된다. 그 시간에 취침을 해야 손상된 근육이 가장 빠르게 회복되지만 밤 10시가 저녁 6시쯤으로 여겨진다면 적어도 12시 전에는 자도록 하자. 평소 일곱 시간 정도 충분히 잘 것을 권한다.

꾸준한 운동이 우리 몸을 만들 듯 꾸준한 자기 돌봄이 자존감을 높인다. 자신을 위해 좋은 생각을 하고 충분한 휴식을 취하고 긍정적인 대화를 나눠라. 힘이 되는 사람들을 만나고 즐거운 일을 하고 몸을 많이 움직여라. 좋은 것을 자주 반복해서 일상의 루틴으로 만들어라.

## 성공의 네 가지 법칙

운동을 통해 건강한 몸을 만드는 방법은 의외로 간단하다. 시작하고 지속하고 목표를 달성하고 다시 시작하는 것이다. 무엇을 시작해야 할지 모르겠다면 일단 열흘 동안 날마다 스쿼트 서른 개를 해보자. 스쿼트가 자신이 원하는 일과 아무 상관없다고 생각할 수도 있다.

그렇다면 스쿼트 서른 개가 의미하는 것은 무엇인가? 스쿼트 서른 개를 하기 위해선 일단 시작해서 한 개를 성공시켜야 한다. 그리고 스물아홉 개를 했을 때 포기하지 않고 마지막 한 개를 더 채워야 한다. 스쿼트 서른 개를 성공시키는 과정 안에는 인생의 성공 법칙이 들어 있다.

가장 중요한 첫 번째 법칙은 일단 시작하는 것이다. 시작의 중요성은 아무리 말해도 지나치지 않다. 멋진 몸을 만들고 싶은가? 그렇다면 운동을 시작하라. 자유롭게 여행을 갈 수 있는 때가 왔을 때 바로 떠나고 싶은가? 그렇다면 돈을 모으는 일을 시작하라. 부자가 되고 싶은가? 그렇다면 부자가 되는 공부를 시작하라. 1년 전 했던 생각을 지금도 하고 있는가? 만약 똑같은 생각을 하면서 현실을 탓하고 있다면 이유는 명백하다. 그것을 이루기 위한 어떤 시작도 하지 않았기 때문이다. 시작은 했지만 여전히 달라진 것이 없다고 현실을 탓하고 있다면 정말 달라진 게 없는지 생각해보자. 무언가는 변한 것이 있다. 단지 탓하는 것을 그만두는 일을 시작하지 않았을 뿐이다.

우리 앞에 두 명의 스쿼트 선수가 있다고 생각해보자. 한 명은 스쿼트 천재다. 그리고 스쿼트 천재 옆에는 스쿼트 바보가 있다. 스쿼트 천재나 스쿼트 바보나 서른 개를 해내는 방식은 동일하다. 우선 한 개를 하고, 또 한 개를 하고, 그렇게 한 개씩 하면서 서른 개를 채우는 것이다. 두 개부터 스물아홉 개를 해내는 중간 과정을 생략하고 서른 개를 성공시키는 방법은 없다. 스쿼트 서른 개를 해내는 이유가 스쿼트 천재여서가 아니다. 스쿼트 서른 개를 못하는 이유 또한 스쿼트 바보여서가 아니다.

성공 법칙은 단순하다. 시작한다, 지속한다, 목표한 것을 끝낸다, 다시 시작한다. 이 네 가지가 다이다. 사업에 성공해 큰 부를 이룬 사람들도 같은 말을 한다. 부자가 되려면 돈을 버는 일을 시작하고, 그 일을 지속해서 번 돈을 유지하고 목표 금액을 달성하고 다음 목표를 향해 다시 시작한다는 것이다. 건강, 돈, 지식 등 무엇이든 원하는 것이 있다면 이 네 가지를 루틴으로 만들어라. 이 중에서도 가장 중요한 것 한 가지를 꼽으라면 바로, '시작하는 것'이다.

우리 인생은 엎질러진 물이 아니다. 한번 엎질러진 물은 다시 주워 담을 수 없지만 우리는 다시 시작할 수 있다. 작심삼일도 못했다고 기죽지 말자. 다시 시작하면 된다. 어린 아기도 목을 가누고 일어나 앉고 첫 걸음을 떼기까지 성공보다 실패를 먼저 배운다. 처음엔 일어나는 일도 힘들었다. 그러나 지금은 뛰고 달리고 점프까지 한다. 우리는 삶에서 이미 커다란 성공을 이룬 적이 있다. 걸음마를 배웠고 말과 글을 배웠다. 태어나자마자 할 수 있었던 일이 아니었다. 오직 반복적인 학습을 통해서 해낼 수 있었던 일이다.

삶에서 한 번도 실패하지 않은 사람은 삶을 제대로 시작도 안 한 것과 같다. 시작할 줄 아는 사람은 강하다. 다시 시작할 줄 아는 사람은 더 강하다. 몇 번이고 다시 시작하는 사람은 위대하다.

## 시작이 루틴을 만든다

지금까지 살아오면서 달라지겠다고 결심하고 시작한 일이 몇 가지나 되는가? 셀 수 없이 많을 것이다. 한 해가 끝날 때마다, 한 해를 새롭게 시작할 때마다 올해는 반드시 변하겠다고, 이번엔 기필코 성공하겠다고 시도한 일 또한 많을 것이다. 새해 첫날 야심차게 시작한 운동을 며칠은 잘하다가 사흘이나 나흘째 되는 날 슬그머니 그만두는 일이 어디 나나 내 친구만의 일이던가. 시작은 잘하지만 마무리는 약하다는 사람들을 많이 만난다. 스스로를 평가할 때도 "끈기가 없어요", "의지력이 약해요"라는 말을 쉽게 한다.

그러나 자신의 끈기와 의지력 부족을 탓하기 전에 진지하게 생각해보자. 일을 끝까지 해내는 게 과연 끈기와 의지력에 달려 있을까? 반은 맞고 반은 틀리다. 어떤 사람들은 끈기와 의지력을 마치 통장에 들어 있는 잔고쯤으로 생각하는데, 내 생각은 좀 다르다. 결론부터 말하자면 끈기와 의지력은 우리 몸 어딘가에 저장되어 있는 게 아니다. 해내는 과정에서 발휘되는 것이다. 끈기와 의지력을 기르고 싶다면 지속하면 된다. 스쿼트 한 개를 하고 그만두고 싶어도 그때 두 개를 하는 것이다.

그러나 이보다 더 중요한 것은 다시 시작하는 것이다. 스쿼트를 한 개만 하고 그만두어도 의지력이 사라지는 것은 아니다. 끈기와 의지력은 가능성의 영역에 존재하기 때문이다. 가능성으로만 존재하던 것을 현실화시키는 것은 '다시' 시작하는 힘이다. 중간에 멈췄으면 다시 시작하면 된다.

다시 시작하는 일이 얼마나 중요한지 깨달은 사건이 하나 있다. 트레이너 초창기 시절, 암 진단을 받은 분이 운동을 하러 오셨다. 그분은 매일매일 운동을 정말 열심히 하셨고, 나 또한 열심히 공부해가며 성심성의를 다해 가르쳤다. 자신의 인생을 다시 시작하기 위해

한 가지에 몰두하는 모습은 옆에서 지켜보는 것만으로도 내게 큰 영향을 미쳤다. 다행스럽게도 그분은 건강을 회복하셨고 얼마 후 나는 그분의 자녀분들께 식사 초대를 받았다. 가족이 함께 기뻐하는 자리에 나를 초대해줘서 정말 기뻤고, 그 자리에 함께 있는 것만으로도 영광이었다.

이때의 경험으로 인생에 관한 깨달음을 얻었다. 그분이 운동을 시작한 후 때로는 좌절을 겪으면서도 언제든 다시 시작하며 스스로 인생을 바꿔나가는 과정을 가까이에서 목도하면서 큰 감동을 받았기 때문이다.

당시 나는 겨우 20대 초반, 지금처럼 전문가도 아니었고 경력이 오래된 트레이너도 아니었다. 일이 재미있었지만 평생의 직업으로 삼아도 될지 고민스럽기도 했다. 그러나 이분을 보면서 제대로 공부해서 좋은 트레이너가 되자고 생각했다. 트레이너 일에 회의를 느낄 때 다시 시작할 마음을 먹고 진지하게 진로를 결정하게 된 건 이때의 경험 덕분이다.

건강관리를 잘해온 사람들도 질병에 걸린다. 질병에 걸리느냐 안 걸리느냐는 내가 선택할 수 있는 일이 아니다. 그러나 운동을 시작할지, 운명을 탓할지는 내가 선택할 수 있다. 그분이 만약 자신을 원망하고, 세상을 원망하고, 운명을 원망하는 일을 시작했다면 과연 어떻게 사셨을까? 무력감과 패배감 속에서 고통을 더 크게 느끼는 삶이 아니었을까?

다시 시작하는 힘은 누구에게나 있다. 다시 시작하는 일이 천재들의 전유물이거나 특별한 재능의 영역에 속하는 것도 아니다. 백번 시작하고 백번 실패했어도 괜찮다. 다시 시작하면 된다. 일단 스타트라인에서 출발하라. 오른발을 움직이면 왼발도 움직이게 된다. 나아가는 건 한 발을 떼는 것이다. 정말로 그뿐이다.

원하는 일을 매일 해서 일상의 루틴으로 자리 잡게 하려면 두 가지 방법이 있다. 하나는 바로 시작하는 것이고 다른 하나는 환경을 조성하는 것이다. 바로 시작하는 것이 가장 좋지만 그게 어렵다면 환경을 바꿔본다. 환경을 조성하는 방법엔 두 가지가 있다.

첫째, 그 일을 자연스럽게 할 수 있는 환경을 만드는 것이다. 물을 자주 마시고 싶다면 물병을 늘 손닿는 곳에 놓아두어야 한다. 물 한 잔 마시기 위해 매번 자리에서 일어나 문을 열고 나가 선반에서 컵을 꺼내 물을 따라야 한다면 귀찮아서라두 물을 안 먹게 된다. 둘째, 방해물을 치우는 것이다. 다이어트를 결심했다면 눈앞에서 과자 봉지를 치워야 한다. 집 안 여기저기에 칼로리가 높은 간식을 놓아두는 일은 다이어트를 망치려고 작정한 것과 같다.

원하는 일에 도전할 때 환경을 바꾸는 일은 분명 도움이 된다.

추진력을 만들고 성과를 크게 낼 수 있는 편안한 환경을 구축하는 것도 중요한 일이다. 그러나 완벽한 환경은 없다는 것도 알아야 한다. 우리는 본능적으로 더 좋은 것, 더 나은 것을 지향한다. 맛있는 것을 먹어본 사람이 더 맛있는 것을 찾게 되는 법이다. 처음엔 치즈볼로 만족했지만 나중엔 궁극의 치즈볼을 찾아 세상 모든 치즈볼을 먹는 여정을 떠나게 될 수도 있다.

그러나 이것도 궁극의 치즈볼을 찾는 일이 자기 삶의 목적인 사람에겐 중요한 일이지만, 현실에 집중하는 것보다 치즈볼을 찾아나서는 일이 더 중요해져선 안 된다. 자신도 모르게 주객전도되는 현상이 생기기 때문이다. 매번 새로운 환경을 추구하면 정작 중요한 일에 쏟을 에너지가 다 빠져나간다. 스쿼트 서른 개를 성공시키기 위해 새로운 헬스장을 찾거나 거실의 인테리어를 몽땅 바꿀 필요는 없다. 가장 좋은 방법은 지금 그 자리에서, 바로, 시작하는 것이다.

# 핏블리의 멘탈 강화 트레이닝

## 버드독

1  무릎과 손바닥으로 바닥을 지지한 자세로 엎드린다.
2  무릎은 골반 너비로 벌리고, 손은 어깨 바로 아래에 오도록 한 후 어깨너비로 벌린다.
3  허리를 고정한 채 한쪽 팔과 반대쪽 다리를 동시에 천천히 들어올린다.
4  잠시 유지한 채 내려놓고 반대쪽 팔과 다리를 들어올린다.
5  번갈아 가며 반복한다.

운동초보자를 위한 홈트레이닝 코어운동루틴!
맨몸운동으로 근육신경 깨우기

---

## 열흘의 힘

열흘 동안 꾸준히 하고 싶은 일을 한 가지 정하자. 런지나 스쿼트 같은 특정 동작도 좋고 걷기도 좋다. 항목을 고르는 건 자유다. 무엇이든 열흘 동안 하루도 빠짐없이 해내면 된다. 다만 몇 번을 할 것인지, 얼마만큼 할 것인지, 하루 중 언제 할 것인지 등 구체적으로 정하는 것이 그 일을 끝까지 해내는 데 도움이 된다. 그리고 매일 자신이 한 것을 노트나 휴대전화, SNS에 기록으로 남긴다. 열흘 동안 해본 다음엔 다시 열흘을 연장하는 방식으로 삼세번을 한다. 한 달 동안 꾸준히 해본 후 느낀 점이나 달라진 점을 써보자.

# 나의 가장 강력한
# 지지자는 나 자신이다

## Warming-up

코어 근육을 강화하기 위해 많은 것을 배웠다. 마지막으로 가장 중요한 이야기를 하려고 한다. 바로 자세에 관해서다. 바른 자세는 몸의 부상을 방지하고 운동의 효율성을 높이며 보기에도 좋다. 바른 자세가 중요한 또 하나의 이유는 자세가 마음의 태도를 결정하기 때문이다. 즉 운동을 통해 자세가 바로잡히면 나를 돌보고 내 삶을 소중히 여기는 마음가짐을 갖게 되는 것이다.

태도는 삶의 방식이다. 자신을 오롯이 그리고 전적으로 드러내는 행위다. 태도는 자신이 어떤 시선으로 타인과 세상을 보는지, 어떤 사람인지, 어떤 생각을 하면서 살고 있는지를 정직하게 보여준다. 눈에 보이지 않는 것이지만 분명히 존재한다. 당신은 당신 자신을 어떤 태도로 대하고 있는가? 어떤 상황에서도 자신을 신뢰하는가? 어려운 상황일수록 자신의 편에 서는가? 당신의 삶이 끝나는 날까지 당신이 당신 편이길 바란다. 물론 나도 당신 편이다.


## 내 몸이 왜 이래요

헬스 트레이너로 일하다 보면 많은 사람들을 만나게 된다. 운동을 시작한 계기 또한 다양해서 누군가는 살을 빼러 오고 누군가는 정신력을 키우러 오고 누군가는 실연의 아픔을 잊기 위해 온다. 운동을 시작하게 된 원인은 살아온 삶의 이력만큼이나 저마다 다르지만 운동을 시작하고 뜻대로 되지 않을 때 공통적으로 하는 질문이 있다.

"제 몸이 왜 이런가요?"

내가 할 수 있는 답은 하나다. 이유야 어떻든 현재의 몸 상태는 본인에게 책임이 있다는 것. 물론 골격 구조와 키는 타고나기 때문에 노력한다고 바뀌진 않는다. 그러나 경우에 따라선 다르게 보이게 할 수 있다. 키가 160센티미터인 20대 여성이 헬스장에 찾아와 꾸준히 운동을 하자 실제 키보다 훨씬 커 보인다는 소리를 듣게 되었다고 했다. 몸의 군살이 빠지면서 밸런스가 좋아지고 자세가 바로 잡히면서 키가 커 보이는 효과가 생긴 것이다.

반면 몸집이 왜소하다는 이유로 초등학교 내내 놀림거리가 되었던 30대 초반 남성이 온 적이 있다. 한눈에도 움츠러든 모습이었는데 말끝마다 "제가 원래 몸이 좀……"이라는 말을 덧붙였다. 성장판이 닫힌 성인은 키 자체를 엄청나게 바꿀 수는 없다. 그러나 내가 가장 안타까웠던 것은 전체적인 인상이었다. 그 남성은 분명 다른 사람과 같은 공간에 있는데도 마치 없는 사람인 듯 자신의 존재감을 전혀 드러내지 않았다.

잘난 척 허세를 부리며 있어 보여야 한다는 말이 아니다. 내가 여기에 있다는 존재감은 삶을 살아가는 데 결정적인 자신감을 갖게 한다. 인간에게는 내가 여기 있다는 존재감과 더불어 이것은 내 것이라는 소유의 감각이 기본적으로 필요하다. 몸을 가진 존재인 이상 우리는 공간을 점유하며 살아간다. 크든 작든, 뚱뚱하든 말랐든 최소한 자기 몸만큼의 공간을 차지하는 것이다. 그런데 어떤 사람들은 자신을 드러내야 할 공간을 갖는 대신 "저는 원래……"라는 말 뒤로 숨는다.

"원래 그래"라는 말은 우리가 생각하는 것보다 훨씬 더 무서운 말이다. 성찰적 사고를 하게 하는 대신 쉽게 안주하고 포기하게 만든다. '나는 원래 자존감이 낮아서'라고 생각한다면, 세상에 태어나 첫 울음을 터트렸던 순간을 떠올려보자. 떠올리려고 해도 도무지 기억조차 나지 않는 그 순간, 즉 태어나자마자 '그래, 결심했어! 난 자존감 낮게 살아갈 거야! 응애응애!'라고 결정이라도 했단 말인가?

자존감이 원래부터 낮은 사람은 존재하지 않는다. 마찬가지로

골격 구조와 키는 타고나기 때문에 노력한다고 바뀌진 않는다. 그러나 경우에 따라선 다르게 보이게 할 수 있다.

원래부터 자존감이 높은 사람도 존재하지 않는다. 돈, 외모, 직업 등 외적 요소가 자존감에 영향을 미치는 것도 부정할 수는 없지만 절대적 요인은 아니다. 돈이 많아도, 남들이 돌아볼 만큼 잘생겼어도 자존감이 낮은 사람들을 수없이 많이 만났다.

자존감은 '스스로 자신을 어떻게 대하느냐'에 따라 달라진다. 자신을 존중하는 사람은 타인도 존중할 줄 안다. 상황에 따라 적절히 칭찬하지만 지나친 아부는 하지 않는다. 자신이 내린 결정에 따르는 일은 책임지고 끝까지 해내면서 타인의 실수에도 너그러울 줄 안다.

우리가 갖고 태어난 몸도 마찬가지다. 내 몸인 이상 내가 책임지고 죽을 때까지 데리고 살아가야 한다. 왜 이렇게 태어났냐고 탓할 시간에 내가 어떻게 살고 싶은지를 정해야 한다. 내가 이상적이고 완벽한 몸을 가진 것이 아니듯 내가 꿈꾸는 삶을 완벽하게 살 수 있지는 않다. 다만 내가 바라는 삶에 최대한 가까이 다가가는 일은 가능할 것이다.

꿈을 꾸면 꿈에 가까워진다. 그러나 꿈을 꾸지 않으면 꿈과 비슷한 일조차 일어나지 않는다. 꿈만 꾸는 게 아니라 현실로 이루기 위해 몸을 움직여야 한다. 우리가 몸을 갖고 태어난 이유는 이 몸을 최대한 이용해 자신의 삶을 살아가기 위해서다.

## 최후의, 최후의, 최후까지 자기편이 돼라

보통 코어 근육이라 하면 복근을 떠올리기 십상이지만 허리 기립근과 엉덩이까지도 코어 근육에 포함해야 한다. 특히 엉덩이 근육이 중요한데, 엉덩이 근육이 약하면 디스크가 쉽게 생긴다. 재활 운동을 할 때 허리 운동이 아니라 엉덩이 운동을 시키는 이유도 엉덩이 근육이 그만큼 중요하기 때문이다. 엉덩이 근육이 중요한 또 하나의 이유는 척추와도 연관이 있기 때문이다. 척추가 바로 서려면 엉덩이 근육이 튼튼해야 한다.

그렇다면 인간에게 언제부터 이렇게 엉덩이 근육이 중요해졌을까? 바로 직립보행을 시작한 이후부터라고 한다. 걸을 때 엉덩이가 어떤 힘을 받는지는 네 발로 바닥을 기어보면 바로 알 수 있는데, 네 발로 기면 두 발로 걸을 때보다 엉덩이에 힘이 들어가지 않는다. 직립보행을 하기 전에는 엉덩이 근육을 쓸 일이 크게 없었다는 의미다. 그러나 두 발로 일어나 걷고 뛰기 시작하면서 엉덩이 근육은 핵심 근육으로 자리 잡았다. 엉덩이 근육이 약해지는 순간, 몸의 코어 근육도 힘을 잃는다.

엉덩이 근육을 무시하고 허벅지 근육을 키우는 것을 하체 운동이라 생각하는 사람도 있지만, 허벅지 근육이 발달해도 엉덩이에 힘이 들어가지 않으면 신체의 전체 밸런스에 이상이 생긴다. 엉덩이는 인체에서도 근육이 큰 부위에 해당한다. 그만큼 칼로리 소비도 많을 수밖에 없기에 근육을 키우려면 영양소를 풍부하게 섭취해야 한다. 사람들이 잘못 알고 있는 상식 중 하나가 근육을 만들면서 동시에 다이어트도 할 수 있다고 생각하는 것인데, 이것은 이론적으로 매우 힘든 일이다.

다이어트는 칼로리 결손이 생길 때 일어나는 현상이다. 먹은 것보다 더 많은 칼로리를 소비해야 살이 빠진다. 반면 근 성장은 여분의 영양분이 있을 때에만 일어난다. 다이어트와 근 성장을 동시에 하기 위해서는 고도의 전략적인 운동과 영양 섭취 방법이 필요하다.

다이어트를 하는 사람들이 흔히 많이 하는 실수 중 하나가 고강도 운동을 하면서 섭취 열량을 크게 줄이는 절식을 하는 것인데 이럴 경우 체지방 손실은 물론 근 손실도 함께 올 수 있다. 체중 변화가 크더라도 실제로 근 손실 또한 크기 때문에 필연적으로 요요현상이 온다. 목적지를 향해 열심히 가긴 갔는데 막상 도착해보니 엉뚱한 장소여서 머리를 쥐어뜯으며 "여긴 어디? 나는 누구?"라고 외치는 상황이 되는 것이다.

엉덩이와 함께 중요한 코어 근육은 기립근이다. 기립근은 척추를 바로 세워 체형을 교정하는 중심 역할을 한다. 기립근을 단련하면 등이 펴지면서 자세가 달라진다. 반면 기립근이 튼튼하지 못하면 허리 통증이 생긴다. 기립근이 허약하면 몸을 바로 세울 수 없다. 기립근이 몸을 바로 세우는 것처럼 우리의 삶을 바로 세우려면 삶에 책임을 지는 태도가 필요하다.

자기 삶에 책임을 진다는 의미는 각자도생의 시대, 아무도 나를 도와주는 이 없으니 알아서 생존해야 한다는 뜻이 아니다. 책임이란 말을 사전에서 찾아보면 '맡아서 행해야 할 의무나 임무'라고 나온다. 책임은 어루만지듯 돌보는 마음이다. 아이를 책임지고 키우는 부모의 마음인 것이다. 세상의 어떤 부모도 자신의 아이가 나쁜 길로 가기를 바라진 않을 것이다. 아이 때는 부모의 돌봄을 받아야 한다. 그러나 어른이 된 후에는 스스로 돌보는 법을 익혀야 한다. 당신은 어떤 태도로 세상을 살아가고 있는가? 몸과 마음을 잘 돌보고 있는가? 긍정적인 생각과 감정을 갖고 있는가? 올바른 생활 습관을 기르고 있는가?

똑바로 서서 자신의 자세를 한번 살펴보자. 코어 근육이 탄탄하게 느껴지는가? 몸의 중심이 똑바로 잡혀 있는가? 내 몸이 현재 어떤 상태라는 것을 확실히 실감하고 있는가? 삶의 코어 근육을 키우기 위해 자존감을 가장 먼저 꼽은 이유도 변화의 시작이 자기 자신으로부터 비롯되기 때문이다.

흔히 행복의 요인을 외적인 것에서 많이 찾는다. 예를 들어 돈이 많으면 행복해질 것이라 생각한다. 돈은 현실적으로 필요하다. 그러나 돈이 많다고 무조건 행복할까? 돈을 감당할 만한 자존감이 없다면 많은 돈은 오히려 인간을 불행하게 한다. 멋진 외모를 갖고 있다면 행복할까? 누구나 칭찬할 만큼 아름다운 외모를 갖고 있지만 정작 본인은 못났다고 생각하며 성형 중독에 빠진 사람들을 수없이 보았다.

돈이나 외모 같은 외적인 조건도 자존감을 높이는 데 어느 정도 필요하고 효과가 있는 것도 사실이다. 그러나 더 중요한 것은 당신 자신이 스스로를 바라보는 시선이다. 다른 사람은 위해주면서 자신에게 가혹하진 않은가? 타인에게 좋은 사람이 되느라고 자신은 방치하고 있지 않은가? 언제 어느 때든 자신 편에 서자. 힘들고 어려운 순간일수록 자신을 격려하자. 당신은 충분히 그럴 만한 가치가 있는 사람이다. 최후의, 최후의, 최후까지 자기편이 되자.

# 핏블리의 멘탈 강화 트레이닝

## 플랭크

1 팔을 90도로 구부려 팔뚝과 발가락만 바닥에 댄 채 엎드린다.
2 엄지손가락 위치가 눈의 위치 아래에 오도록 한다.
3 골반을 얼굴 방향으로 살짝 말아 복근을 수축한다.
4 엉덩이가 너무 솟거나 너무 내려가지 않도록 한다.
5 버틴다.

 플랭크 가장 쉽고 정확하게 알려드립니다 | 허리, 허벅지, 승모근 아픈 사람 필수 시청!

 '플랭크' 아직도 허리통증 참고 하세요?? 플랭크 복근에 힘주는 쉬운방법

---

## 단점 알기

자신에게 꼭 고치고 싶고 개선하고 싶은 점이 있는가? 단점을 알아야 하는 이유는 단점이 성장의 포인트가 되기 때문이다. 나의 단점을 명확히 알면 무엇을 절제해야 할지 자연스럽게 알게 된다. 그러나 단점을 찾을 때 스스로를 비난하는 태도를 가지면 안 된다. 자신을 남이라고 생각하되 적이라고 생각하지는 말자. 당신의 단점을 개선해야 한다면 무엇이 필요할까? 만약 당신의 가장 친한 친구가 이런 점 때문에 위기를 겪고 있고 당신에게 피드백을 요청했다면, 당신은 어떤 조언을 해주겠는가?

# PART3

코어 근육을 단련했다면 본격적으로 상체 근육을 강화하는 시간을 가져보자.
상체 근육 강화 편은 팔, 어깨, 가슴, 배 그리고 등에 관한 이야기다.
상체는 위로는 목과 얼굴을 떠받치고 아래로는 허리와 골반을 통해 하체를 이어준다.
온몸으로 피를 내보내는 심장을 비롯해 중요한 기관이 모두 상체에 모여 있다.

팔은 삶을 컨트롤하는 사람이 자신이라는 사실을 일깨워준다.
자기 삶의 운전대는 오직 자신의 두 팔로 잡아야 한다.
어깨를 활짝 펴고 걸을 때 우리는 당당하게 살아간다는 기분을 맛본다.
어깨를 움츠러들게 하는 내면의 수치심을 직면하자.
가슴은 우리 자신에 대한 많은 이야기를 들려준다.
감정의 주인으로 살아갈 때 삶의 영역은 다채로워진다.
또한 배는 우리의 장기를 보호하는 중요한 역할을 하고 있다.
내 삶을 위해 딱 한 가지만 선택한다면 그 하나는 무엇인가.
한편 어깨와 가슴과 배는 앞을 향하고 팔은 옆에 붙어 있지만 우리에겐 등도 있다.
누구에게나 이면이 있지만 자기 뒷모습은 잘 보지 못한다.
나의 앞모습과 옆모습은 물론 뒷모습까지 생각해보자.

상체 근육을 강화하는 운동을 시작하자.
내 삶의 주인이 나라는 사실을 확실하게 인식하자.

# 내 삶의 운전대는
# 내 손으로 잡아라

## <u>Warming-up</u>

팔은 어깨와 손목 사이를 말한다. 하지만 여기에선 손까지 포함해 말하려 한다. 팔의 대표적인 근육은 이두박근, 삼두근, 전완근이다. 이두박근은 흔히 '알통'이라고 부르는 부분이며, 팔을 안으로 당길 때(접을 때) 쓰는 근육이다. 삼두근은 이두박근 뒤에 위치한다. 팔을 뻗을 때(펼칠 때) 쓰는 근육이다. 전완근은 '팔뚝'에 해당하는 근육으로 팔힘을 쓸 때 필수적이며, 손아귀로 사물을 쥐는 힘인 악력과도 연관이 깊다. 손가락은 근육이 없고 힘줄로만 움직이는데 손가락의 힘줄이 전완근과 연결되어 있기 때문이다.

물론 전완근이 악력과 직결되는 것은 아니다. 그러나 서로 상관관계가 깊기에 전완근이 발달하지 않으면 악력이 발휘되기 힘들다. 데드리프트나 바벨 로우 등으로 상체 근육을 키울 때 다른 근육의 힘이 세도 전완근이 받쳐주지 못하면 제대로 힘을 쓰지 못한다.

우리는 팔로 많은 일을 한다. 물건을 잡고 쥐고 들고 내려놓고, 다른 사람과 악수를 하며, 무언가를 만들어낸다. 팔이 하는 이 모든 일들은 내가 세상을 자유롭게 살아가고 있다는 것을 알려준다. 자유롭지 못하고 답답함을 느낄 땐 팔이 묶여 있는 것 같은 기분이 든다. 형사가 범인을 검거할 때 팔부터 제압하는 이유도 그것이 신체의 자유를 뺏는 가장 손쉬운 일이기 때문이 아닐까.

팔은 우리에게, 네 두 손으로 삶을 창조하면서 주체적으로 살아가고 있는지 묻는다. 팔 운동을 하면서 내 삶의 운전대를 내가 쥐고 있다는 감각을 느껴보자.


## 내 삶의 운전대를 누가 쥐고 있는가

새벽까지 뒤척이다가 아침에 눈 뜨자마자 이런 생각을 해본 적이 있는가?

'내 인생, 왜 이렇게 됐을까?'

멍하니 눈을 몇 번 깜박이다가 머릿속 생각을 혼잣말로 중얼거린다.

"통장은 텅장이고, 관계는 누추하며, 미래는 막막하다."

마음에 드는 구석이 어디 한 군데라도 있나 찾아보지만 아무래도 나는 영 글러먹은 인간인 것 같다. 무엇 하나라도 괜찮은 것이 있는지 내 삶을 샅샅이 뒤져보지만 인생 어디에도 빛을 찾을 수 없다. 하루 종일 방구석에 처박혀 부자가 되는 상상을 하고 성공하는 모습을 그려봐도 그게 어떤 것인지 실감조차 나지 않는다. 생생하게 꿈을 꾸면 이뤄진다는데, 내 꿈은 흐릿하고 윤곽조차 모호하다. 한숨이 터지고 절망이 쏟아진다.

만약 이런 적이 한 번이라도 있다면, 아직 희망이 있다. 당신이 인생에 대해 진지하게 생각하고 있다는 증거이기 때문이다. 빛을 찾는 사람만이 빛을 발견할 수 있다. 희망을 갖는 사람만이 희망을 찾을 수 있다. 인생을 구하고 싶은 사람만이 삶을 바꿀 수 있다.

우리에게 두 팔과 두 손이 있는 이유는 삶의 운전대를 내 힘으로 잡기 위해서다. 산도 있고 사막도 있고 바다도 있는 인생길을 끝까지 완주하려면 한 가지만 명심하면 된다. 어떤 경우에도 내 삶의 운전대를 놓치지 않는 것이다. 이것만 기억하면 나는 내 인생의 베스트 드라이버가 될 수 있다. 남과 비교할 필요는 없다. 타인의 인생길을 가는 게 아니기 때문이다. 나는 내 방식대로 최선을 다해 내가 가고 싶은 길을 가면 된다.

그러기 위해선 앞서 말했듯 어떤 경우에라도 내가 내 편이 되어야 한다. 자신을 비난하고 비판하면서 먼 길을 갈 수는 없다. 자신을 성찰하는 것과 자신을 비난하는 것은 완전히 다른 일이다. 누군가는 말한다, 자신에게 엄격해야 한다고. 그렇지 않으면 제멋대로인 아이처럼 어리광만 피우다가 약해빠진 사람이 되고 만다고. 말을 빨리 달리게 하려면 채찍질이 필요하다고.

그러나 우리는 말이 아니다. 언제 어떤 속도로 가야 할지는 내가 결정한다. 오히려 타인이 나의 주인 노릇을 하면서 달려라, 멈춰라 한다면 그게 더 큰 문제다. 삶의 운전대를 힘껏 잡고 가는 팔 힘을 키우고 싶다면 데드리프트를 하든 바벨 로우를 하든 내가 직접 해야 한다. 다른 사람이 대신 들어주는 바벨이 도대체 내 팔 힘과 무슨 상관이란 말인가.

또한 자신이 가고 싶은 길을 가려면 우선 가고 싶은 길이 어떤 길인지 알아야 한다. 다른 사람들이 많이 다니는 길이든 다른 사람들의 손길을 타지 않은 길이든 그 길을 내 손으로 열어가야 한다는 사실엔 변함이 없다. 운전대를 잡고 있는 사람은 바로 나이기 때문이다.

다른 사람이 경부고속도로를 수십 번 타봤다고 한들 처음 고속도로 진입로에 올라탄 나에겐 그 사실이 아무 도움도 되지 않는다. 깜박이도 켜지 않고 훅 들어오는 차들과 차선을 수시로 바꿔가며 추월하는 차들 사이에서 평정심을 유지하며 운전을 하는 것보다 삶의 고속도로를 혼자 힘으로 운전해가는 일이 수천 배는 더 어려운 일인지도 모른다. 그렇다고 운전대를 놓을 수는 없다. 목표한 곳에 안전하게 도착할 때까지 두 손으로 꽉 잡고 가야 한다.

내 삶의 운전대를 자신의 두 팔로 쥐고 있으려면 어디로 가고 싶은지 목표가 명확해야 한다. 예를 들어 헬스 트레이너가 되고 싶다면 기본적으로 운동을 좋아해야 한다. 운동이 죽기보다 싫은데 돈을 많이 벌고 방송에도 출연해 유명해질 수 있는 선망 직종이라는 이유만으로 헬스 트레이너를 직업으로 선택한다면, 이 일을 계속할지 말지 매일 아침, 매일 낮, 매일 밤 고민하게 될지도 모른다.

운동을 정말 좋아하지만 운동을 해도 근육이 잘 생기지 않거나 몸이 좋아지지 않는다면 어떨까? 몸이 좋지 않은 헬스 트레이너에게 운동을 배우고 싶은 사람은 없을 것이다. 노래를 못하는 보컬 트레이너, 수영을 못하는 수영 코치를 본 적 있는가? 내가 하는 일로 돈을 벌기 위해선 돈을 받을 수 있는 만큼의 수준으로는 잘해야 한다.

누군가는 무조건 잘하는 것을 해야 한다고 하고, 누군가는 좋아하는 일을 해야 한다고 한다. 어떤 길을 선택하든 결론은 같다. 잘하는 것을 더 잘하려면 좋아해야 하고, 좋아하는 일을 오래하려면 잘해내야 한다는 것이다. 잘하는 것과 좋아하는 것을 구분하는 사람도 있다. 돈을 버는 일은 잘하는 일을 선택하고, 좋아하는 일은 취미로 남겨두는 것이다.

그러나 취미가 아니라 한 분야에서 프로답게 성공하려면 좋아하는 일과 잘하는 일이 같아야 한다. 좋아하면서 그 일을 잘해야 하는데, 잘하기 위해선 노력이 필요하다. 재능이란 노력의 질과 양에 비례한다. 세계 최고의 경지에 오른 사람일수록 지독하게 연습하고 자기 관리에 철저하다. 세계 최고의 부자들은 천 원 한 장 허투루 쓰지 않는다. 세계 최고의 연봉을 받는 스포츠 선수들의 연습량은 어마어마하다. 그들이 운이 좋아서 그 자리에 갔을까? 운이 좋았다면 그 운을 만들어낸 것도 그들의 노력 속에 포함되어 있을 것이다.

물론 안다. 노력한다고 모든 것을 잘할 수는 없다. 각자 잘하는 분야가 따로 있기 때문이다. 그런데 자신이 무엇을 잘하는지, 무엇을 좋아하는지 어떻게 알 수 있을까? 자신의 재능을 일찌감치 깨달았다면 다행이지만 뒤늦게 알게 되는 경우도 있다. 좋아하는 마음만으로 막연한 기대를 품고 시작했더라도 그 길이 아니라는 걸 명확히 알게 되기도 한다.

나도 그런 일이 있었다. 열심히 노력했지만 "아, 이 길은 아니구나!"라는 걸 깨닫는 데 1년이 걸렸다. 노래를 좋아해서 보컬 트레이닝을 받았는데 1년 정도 지나자 노래로 밥을 먹고 살 수는 없겠다는 깨달음이 왔다. 그러나 가수가 되겠다는 생각을 접은 것이지 노래를 좋아하는 마음을 포기한 것은 아니다. 그리고 내가 하고 싶은 것을 위해 투자한 시간을 아깝게 생각하진 않는다. 미련이 없을 때까지 해봤기 때문이다.

되지도 않는 일을 붙잡고 있는 게 성미에 맞지 않기도 했다. 노래를 불렀는데 노래가 안 되고, 운동을 했는데 운동이 안 되면 프로가 될 수 있는 기회는 없다는 뜻이다. 미련 없이 툭 털어버릴 수 있었던 건 좋아하는 일이 그것 하나만 있는 게 아니라는 이유도 있었다. 내가 할 수 있는 일이 세상에 딱 한 개만 있는 것도 아니었다.

좋아하는 일을 하더라도 그 일이 직업이 되면 힘들 때가 있다. 좋아하기 때문에 더 큰 상처를 받을 수 있고, 좋아하는 일을 한다는 이유로 불이익을 감수해야 하는 순간도 있다. 잘하는 일을 한다고 힘들지 않을까? 세상에 그런 일은 없다. 좋아하는 일을 하든 잘하는 일을 하든 어느 순간엔 반드시 힘든 때를 만날 수밖에 없다. 내가 아무리 준비를 철저히 해도 예상치 못한 외부 상황을 맞기도 한다. 코로나19로 헬스장 문을 닫는 일이 생기리라는 걸 누가 알았겠는가.

성취의 기쁨을 맛보는 것도 나 자신이고, 외부 상황에 대처하고 위기를 극복하는 것도 나 자신이다. 이 길을 계속 갈지, 경로를 바꿀지 선택하는 것 또한 나 자신이다. 책을 읽거나 타인에게 조언을 구할 수는 있지만 결국 답은 내 안에 있다. 솔직히 말하면 이 책을 읽는 당신도 이미 답을 알고 있지 않은가. 자신에게 필요한 것이 무엇인지 알고 있으면서도 행동을 하지 않고 책이나 읽고 있다면 내가 해줄 수 있는 말은 딱 하나다.

"정신 차리자!"

힘든 순간엔 위로가 필요하다. 진심이 담긴 위로는 지친 다리에 힘을 주어 다시 걸음을 옮기게 한다. 그러나 직면해야 하는 상황에서도 달콤한 위로만 바란다면 건강한 식사 대신 사탕과 초콜릿을 주식으로 먹겠다는 것이나 다름없다. 입은 잠시 달콤할지 모르지만 건강을 생각하면 몸에는 해롭다. 힘든 일 앞에서 눈을 감아버리면 당장은 위기를 모면하는 것처럼 보일지라도 더 큰 문제가 되어 돌아온다. 차선을 바꿔야 하는데 무섭다고 차선을 바꾸지 못하면 목적지로 가는 길은 더 멀어질 뿐이다. 내 삶의 운전대는 내가 잡고 있다는 것, 그리고 그래야 한다는 것을 언제나 명심하자.

## 내 인생의 운전대를 절대 타인에게 넘겨주지 마라

트레이너 일을 시작하고 나서 자주 듣는 질문 중 하나가 "어떤 운동을 하면 좋을까요?"다. 헬스 트레이너이니 운동에 대해 잘 안다고 생각해서 물어보는 말일 것이다. 하지만 이 질문 앞에선 전문가인 나도 단박에 대답이 나오지 않는다. 목적에 따라 도움이 되는 운동이 다르기 때문이다.

한번은 내가 좋아하는 회사의 대표님을 만났는데, 그분과 이야기하다가 비슷한 주제가 나와 공감한 적이 있다. 그분이 자주 듣는 질문이 "어떻게 하면 성공할 수 있나요?"라는 것이란다. 물어보는 사람의 눈빛은 간절한데 그럴 때마다 난감하다고 했다. 해줄 수 없는 말이 없어서가 아니라 그 사람에게 지금 필요한 것이 무엇인지 모르기 때문에 그렇다는 것이다.

운동도 마찬가지다. 어떤 사람한테는 마라톤이 잘 맞고, 어떤 사람한테는 웨이트 트레이닝이 더 잘 맞는다. 나는 마라톤을 하지 않는다. 야외에서 오래 달리는 일을 좋아하지 않기 때문이다. 누군가 마라톤으로 인생을 바꾸었다고 해서 마라톤이 나한테도 잘 맞는다고 할 수는 없다.

한계를 깨는 것도 중요하지만 우선 그 한계를 깨트리는 데까지

가려면 그만큼 열정이 있어야 한다. 한계를 이겨내는 연습을 하기 위해 마라톤에 도전하는 사람도 있을 수 있다. 그러나 기본적으로 달리기를 좋아하지 않으면 마라톤을 하기는 어렵다. 그래서 자신을 아는 게 중요하다. 내가 어떤 성향이고 어디에서 성과를 낼 수 있는지 파악하고 있어야 더 큰일에 도전하고 나의 한계를 넘어설 수 있다.

마라톤을 좋아하는 사람들은 본인의 한계를 깰 수 있다는 점을 장점으로 손꼽는다. 그런데 나는 달리기로 한계를 깨고 싶다는 생각은 하지 않는다. 내 몸무게로 몇 시간씩 달리기를 하면 관절이 상할 게 뻔한데, 관절이 상하면서까지 마라톤을 하는 건 내게는 의미가 없기 때문이다.

마찬가지로 헬스 트레이너는 나에겐 좋은 선택이었지만 당연히 모두에게 좋은 선택은 아닐 것이다. 자기 성향에 따라 자신이 좋아하는 일을 잘하게 만들든 잘하는 일을 좋아하든 그것으로 한 사람 몫을 해내면 된다. 몸과 마음의 건강을 위해 마라톤과 헬스가 정답이 될 수도 있지만 똑같은 의미로 마라톤도, 헬스도 정답이 아닐 수도 있는 것이다.

남들이 하는 대로 우르르 따라가는 일을 멈추고 자신이 걸어온 길을 되돌아보자. 스스로가 무엇을 할 때 몰입하게 되는지, 어떤 순간에 기쁨을 느끼는지, 어려운 순간을 극복하고 난관을 뚫고 나아갈 만큼 의미 있다고 생각한 일은 무엇인지 진지하게 탐색해봐야 한다.

누군가 알려주는 대로, 시키는 대로 해야만 할 때도 가끔은 있을 것이다. 그러나 이것이 인생의 대부분이어도 괜찮은 걸까? 괜찮다고, 오히려 그것이 안전하다고 고개를 끄덕이는 사람은 그렇게 살면 된다. 그러나 아니라고 생각하는 사람은 적극적으로 자신의 방법을 찾고 길을 만들어야 한다.

우리 회사의 경우 직원들이 꼭 특정 분야의 업무만 맡아야 한다는 틀을 정해두지 않았다. 본인이 좋아하고 잘하는 분야의 프로젝트를 맡긴다. 큰 틀은 정해주지만 점심시간 등을 정하는 것도 개인의 자유다. 하나부터 열까지 정해진 대로 해야 효율적인 곳도 있을 것이다. 하지만 그런 방식은 나와는 맞지 않아서 취하지 않았다. 이런 이야기를 하면 회사가 운영이 되냐고 하지만 아직까진 큰 문제는 없다. 오히려 직원들의 창의력과 애사심이 커지고 있는 듯하다. 큰 틀만 정해두고 그 안에서 최대한 자율성을 가지며 능력을 발휘할 수 있도록 돕는 회사 방침은 앞으로도 변함이 없을 것이다.

자신이 무엇을 좋아하고 무엇을 잘하며 무엇을 중요하게 여기는지 알고 싶다면 평소 익숙한 환경을 떠나보는 것도 한 가지 방법이다. 지금 나는 내 삶에서 자유의 가치를 중요하게 여기지만 20대 초반까진 자유가 얼마나 중요한 가치인지 잘 몰랐다. 자유의 소중함을 느낀 건 한국을 떠나 외국 생활을 시작했을 때였다. 처음 갔던 나라가 캐나다였는데 거기서 느꼈던 자유가 나를 온전히 행복하게 했다.

캠핑카를 빌려 여행 중이었던 어느 날 아침, 눈을 떠서 운전을 하는데 한 번도 느껴보지 못한 강렬한 감정이 나를 관통했다. 내가 가고 싶은 곳으로 갈 수 있다는 것, 내가 보고 싶은 것을 볼 수 있다는 것, 내가 하고 싶은 일을 할 수 있다는 사실을 깨닫자 전율을 느꼈다. 코스가 정해져 있어서 관광버스를 타고 가는 여행이 아니라 오로지 자유의지로 다니는 여행이었다. 마음 가는 대로 다니다가 밤이 깊어지면 캠핑카를 세우고 밥을 해먹었다. 스케줄을 빼곡하게 짜서 정해진 대로 움직이는 것도 아니었다. 별을 보고 싶으면 별을 보고, 폭포를 보고 싶으면 폭포를 보았다.

이때의 경험으로 두 가지를 배웠다. 하나는 자연에는 사람을 치유하는 힘이 있다는 것이고, 또 하나는 내가 살고 싶은 대로 살아야 행복하다는 것이다. 나는 내가 핸들링을 할 수 있다는 이유로 운전을 좋아한다. 두 손으로 운전대를 잡고 내 의지대로 컨트롤하는 감각은 몸과 마음으로 느끼는 커다란 행복이다.

인생도 마찬가지가 아닐까. 자신의 의지대로 모든 일이 굴러가는 것은 아니지만 적어도 내 생각과 감정을 조절하는 것은 나 자신이어야 한다. 어떤 상황에서도 내 인생의 운전대를 타인에게 절대 넘겨주지 말자. 타인의 삶에 무임승차하려고도 말자. 소박하면 소박한 대로, 화려하면 화려한 대로 내가 운전을 하면서 가는 삶이야말로 진짜 내 삶이다.


## 어떤 순간에도 삶의 운전대를 놓치지 말자

삶의 운전대를 놓치지 않으려면 삶의 균형을 유지하는 일이 중요하다. 삶이 어느 한쪽으로 치우치면 욕심이 커지거나 유혹에 넘어가거나 절망에 빠져 마음이 흔들리는 일이 생긴다. 그러나 이럴 때일수록 삶의 운전대를 꼭 잡고 있어야 한다. 누군가는 삶에 중요한 네 가지 영역이 있다고 했다. 자신, 가정, 일, 공동체인데, 이 네 가지 영역이 어떻게 균형을 이루는가에 따라 만족감과 행복감이 달라진다는 것이다. 이것을 원으로 그려보면 자신이 현재 무엇을 중요하게 여기고 있는지 알 수 있다.

그러나 삶의 네 영역이 균형을 이룬다는 것은 기계적으로 똑같은 크기를 갖는다는 의미는 아니다. 각각의 영역이 크기가 똑같아도 겹치는 부분이 없이 뚝 떨어져 있을 수도 있다. 각자가 처한 환경에 따라 다를 수도 있고 연령대에 따라 달라질 수도 있다. 청소년 시기엔 자신이 가장 중요하게 여겨질 것이고 성인이 된 후에는 가정이나 일, 혹은 공동체가 더 큰 크기를 가질 것이다. 균형이 잘 잡혀 있는 몸을 아름답다고 여기듯 삶의 균형이 잘 잡혀 있을 때 우리는 인생이 살 만하다고 느낀다.

삶의 균형은 저절로 이뤄지지 않는다. 자신과 좋은 관계를 유지하는 것처럼 타인과 좋은 관계를 형성하는 것 또한 중요하다. 삶의 운전대를 잡고 있는 사람은 나 자신이지만, 편견이나 독선에 빠지지 않기 위해 나와 다른 생각에 귀를 기울이는 일은 필요하다.

타인의 의견에 귀를 기울이고, 나와 다른 생각을 갖고 있는 사람들의 말을 경청하라는 것은 그들의 말대로 따르라는 의미가 아니다. 내가 지금 이 책에서 하는 말들도 내 생각에서 나온 것이기에 무조건 옳다고 할 수 없다. 현재 자신에게 필요한 것을 취해서 자신의 상황에 맞게 쓰면 된다. 자신의 가치에 따라 선택을 하고 그 선택에 책임을 지면 되는 것이다.

내가 한 선택이 항상 옳은 것은 아니다. 나도 얼마든지 틀릴 수 있다고 생각한다. 모르기에 틀리고 잘못 배웠기에 틀린다. 과거에는 옳다고 생각했지만 지금은 틀리다고 생각할 수도 있다. 내 장점 중 하나가 틀렸다고 생각하면 바로 고치는 것이다. 물론 처음부터 이런 태도를 지니지는 못했다. 이건 아니라고 생각하면서도 좀처럼 고치기 어려운 일도 있었다. 머리로는 아는데 행동이 뒤따르지 않아 몇 번의 시행착오를 겪었고, 쓴맛을 본 후에야 이대론 안 되겠다고 작정하고 고쳤다.

예를 들어보겠다. 지금 생각해도 부끄러운 일인데, 나는 일어나지도 않은 일을 성급하게 말하는 경향이 있었다. 직원들에게 미래에 얼마만큼 수익이 생기면 기여도에 따라 인센티브를 줄 거라고 말부터 한 것이다. 허황된 일을 말한 것도 아니었고, 이루어지지 않을 일을 말한 것도 아니었지만 엄밀히 따지면 그런 확신은 오직 내 머릿속에만 있는 일이었다. 직원들에겐 아직 일어나지도 않은 일을 말하는 게 허황되어 보였을지도 모른다.

이런 내 성향 때문에 문제가 생기기도 했다. 내 말을 들은 사람들은 당연히 기대라는 것이 생겼을 텐데 내가 말한 일은 하루아침에 생기는 일이 아니었기 때문에 기대가 실망으로 바뀌는 갈등이 생기곤 했다. 갈등의 시작이 나의 말에서 비롯된 것이니 반드시 고쳐야겠다고 마음먹었다.

그런 일을 몇 번 겪은 후부터 내 행위나 말로 어떤 문제가 생겼다는 걸 인지하면 꼭 고치려고 했다. 그렇게 결점을 고치기로 작정하고 실제로 나를 바꾼 경험은 생각보다 위력이 컸다.

'하면 되는구나!'

그러자 긍정적인 생각이 강해졌고 나를 바꿔낼 수 있다는 자신 감이 생겼다. 어떤 순간에도 내 삶의 운전대를 놓지 않으면 설령 길을 잘못 들어섰더라도 되돌아 나올 수 있다는 걸 깨달았다.

스스로 잘못을 깨닫고 고치는 일은 스스로를 책임지는 일이기도 하다. 자신을 책임지는 태도는 자기 신뢰에서 나온다. 자기 신뢰란 내가 나를 함부로 방치하지 않고 돌봐줄 수 있다는 굳건한 믿음이다. 그리고 그 믿음이야말로 힘든 순간도 버틸 수 있는 원초적인 원동력이다.

# 핏블리의 멘탈 강화 트레이닝

## 바이셉스 컬

1   손으로 덤벨을 들고 몸 쪽으로 감싸 올리듯 팔꿈치를 접는다.
2   천천히 내리면서 팔을 편다.
3   반동을 주지 않도록 한다.
4   팔을 굽힐 때 숨을 내쉬고 내리면서 펼 때 숨을 들이마신다.

 이두운동 바이셉스컬로 동그란 팔근육(알통)만드는법 | 그립& 자세

 팔 무조건 굵어지는 운동, 얇은팔 필수시청!

-------------------------------------------------

## 좋아하는 일과 잘하는 일

종이를 한 장 준비해서 가운데에 세로로 선을 긋는다. 왼쪽에는 자신이 좋아하는 일의 목록을 쓰고 오른쪽에는 잘하는 일의 목록을 쓴다. 둘 사이에 연결되는 일이 있다면 선으로 이어본다. 예를 들어 '다른 사람의 이야기를 잘 듣는다'가 잘하는 일이지만 좋아하는 일은 아닐 수 있다. 그런데 타인을 관찰하는 일을 좋아한다면 그것과 어떤 연관이 있을지 생각해보는 것이다. 전혀 상관없는 둘 사이에서 상관관계를 발견하게 될지도 모른다. 좋아하는 일과 잘하는 일 사이에 몇 가지 연관성을 발견했다면 그것이 의미하는 것은 무엇인지 생각나는 대로 자유롭게 써본다.

# 움츠러들어봤자
# 남는 건 라운드숄더뿐

## Warming-up

어깨는 몸통과 팔을 연결하는 부위이며 팔이 움직이는 데 굉장히 중요한 역할을 한다. 어깨의 대표 근육으로는 전면삼각근, 측면삼각근, 후면삼각근이 있다. 삼각근, 즉 세 개의 근육으로 이루어진 어깨는 팔을 모든 방향으로 움직이게 한다.

기가 죽거나 실패를 경험할 때 '어깨가 움츠러든다'라는 표현을 쓴다. 어깨는 추울 때도 움츠러들고 나이가 들어도 움츠러든다. 반면 누군가에게 용기를 줄 땐 "괜찮아. 네 잘못이 아니야. 어깨 쭉 펴!"라는 말을 한다. 성공만 경험하는 인생이 없는 것처럼 실패로만 이뤄진 인생도 없다. 우리가 일에서 이루는 성공 혹은 실패는 삶의 결과가 아니라 과정이다. 하지만 우리의 어깨가 움츠러드는 진정한 이유는 외부 요인 때문이 아니다. 물론 외부의 어떤 일은 일시적으로 어깨를 움츠러들게 한다. 그러나 내 인생에서 일어나는 그 어떤 일도 나의 어깨를 '영원히' 움츠러들게 하지는 못한다. 진정한 문제는 내면 깊숙이 자리 잡고 있는 수치심이다. 어깨 운동을 하면서 그동안 회피해왔던 내 안의 수치심을 바라보자. 이제야말로 정면 돌파할 때다!

## 실수와 실패로 어깨가 움츠러들 때

사는 동안 실수와 실패를 한 번도 하지 않는 사람이 있을까? 나 또한 사는 동안 많은 실수를 했고, 여러 번 실패했다. 믿었던 사람에게 배신을 당했고, 심혈을 기울여 키웠던 헬스장은 문을 닫았다. 그러나 그 과정이 현재의 나를 만든 것 또한 사실이다.

크게 성공한 사람일수록 다른 사람들보다 더 많이, 더 크게 실수하고 실패했다고 한다. 한 번도 실패하지 않아서 성공한 게 아니라 빨리 실패하고 그 경험에서 배운 후 다시 시도했기 때문에 성공한 것이다. 그런데도 우리는 왜 이렇게 실패를 두려워하는 것일까?

살을 빼고 싶어서 헬스장에 가기로 결심하고서도 실제로 헬스장에 가지 않는 사람들이 있다. 이유를 물어보면 "살을 빼고 갈 거야"라고 한다. 이게 무슨 말인가? 설마 그런 사람이 있는가 싶겠지만 진짜 있다. 살을 빼러 가는 헬스장에 살을 빼고 난 후에야 간다는 것이다. 그게 이해되지 않아 다시 물어보면 살찐 몸이 창피해서라고 한다. 아니 살을 빼려고 가는 헬스장인데 살찐 게 창피해서 살을 빼고 간다면 도대체 헬스장엔 언제 가려는 건가 싶어 거듭 물어보면 그러니까 살을 빼고 갈 거라는 대답이 돌아온다. 무한루프에 빠진 듯한 기분이다.

우스갯소리로 치부하지 말자. 우리도 이런 무한루프를 한두 가지 정도는 갖고 있지 않은가. 아침 운동을 시작하겠다면서 운동을 하지 않는다. 왜냐고 물어보면 아침에 일찍 일어나지 못해서라고 한다. 아침 운동을 하려면 아침에 일어나야 하는데 아침에 일어나지 못하니 아침 운동을 못 하는 일이 발생한다. 그런데 어차피 운동이 목적이라면 아침이 아니라 낮이나 저녁, 밤에 하면 되지 않을까?

그러나 늘 낮에도, 저녁에도, 밤에도 운동을 못하는 일이 발생하는 것이 함정이다. 애초에 아침 운동의 목적이 무엇일까? 아침에 일찍 일어나기 위해서일까, 운동을 하기 위해서일까? 아침에 일찍 일어나는 것이 목적이라면 왜 아침에 일찍 일어나려는 걸까? 다이어트든 운동이든 하기로 결정했으면 하면 되는데, 하기로 결정한 다음 하지 않기로 결심한 것과 같은 신기하고 이상하며 참으로 기이한 일이 생기는 것이다.

도대체 왜 이런 일이 생기는 걸까? 우리 안의 두려움과 수치심 때문이다. 실패에 대한 두려움과 실패한 자신을 부끄럽게 여기는 수치심이 어떤 일이든 시작조차 하지 않게 만드는 것이다. 그렇다면 두려움과 수치심이 무조건 나쁘기만 한 걸까? 두려움은 본능과 연결되어 있기에 생존에 도움이 된다. 두려움은 우리의 오만을 잠재우고 우리를 겸손하게 만든다.

그러나 우리가 두려움을 느껴야 하는 진짜 이유는 용기가 무엇인지 배우기 위해서다. 용기는 두려움을 극복하는 것이 아니라 두려움을 느끼면서도 한 걸음 나아가는 것이다. 새로운 일을 시작할 때나 갑작스러운 충격을 받았을 때 인간이라면 두려움을 느끼는 게 정상이다. 어떤 상황에서도 두려움을 느끼지 못한다면 정신이 고장 난 건 아닌지 심각하게 고민해봐야 한다.

수치심은 자신을 부끄럽게 느끼는 감정이다. 잘못을 하거나 양심의 가책을 느낄 때 우리는 죄책감이나 수치심을 느낀다. 죄책감이 행위에 대한 성찰을 담고 있는 감정이라면 수치심은 존재에 대한 무조건적인 비난이다.

"넌 원래 부족해."

"넌 잘못 태어났어."

"넌 전혀 쓸모없어."

이렇듯 내가 잘못되었다는 느낌, 존재 자체를 부정하는 수치심 공격에서 살아남을 수 있는 사람은 아무도 없다. 수치심에 중독되면 삶이 망가진다. 수치심을 자극하는 목소리는 내면의 어깨를 움츠러 들게 한다. 하늘을 힘차게 날아가는 새들처럼 날개를 활짝 펴야 하는데, 어깨가 움츠러들어 있으니 두 팔을 아래로 축 떨어뜨리고 존재감 없이 살아간다. 또는 지나치게 관심을 끌기 위해 과장된 행동과 말을 한다. '관종'으로 살아가거나 '투명인간'으로 살아가거나 내면의 수치심에서 자유롭지 못한 것은 마찬가지다.

수치심에 사로잡힌다는 것은 자신을 내면의 감옥에 가두는 일이다. 그 감옥에 갇히면 나에게 본질적인 잘못이 있다고, 내가 잘못 태어난 존재라 느낀다. 그러나 당신도, 나도 잘못된 존재가 아니다. 가끔은 바보 같은 실수를 할 때도 있지만 실수 그 자체가 우리 자신인 것은 아니다. 만약 자신이 어딘가 잘못되었다고 느낀다면, 당장 그 생각을 멈춰라. 자신을 비난하는 일은 스스로를 벌주는 일이다. 수치심에 어깨를 움츠러봤자 남는 건 라운드숄더뿐이다.

라운드숄더가 지속되면 견갑골이 늘어나면서 뒤쪽에 후면사슬

(몸 뒤쪽 근육들의 집합체)이 계속 손상을 입는다. 그 탓에 두통, 허리 통증이 올 수도 있고 심지어 엉덩이가 내려가 보일 수도 있다. 우리 몸이 긴밀하게 연결되어 있다는 사실은 이미 여러 번 이야기했다. 어깨가 굽으면 등 근육에 영향을 미친다. 반대로 어깨를 펴는 데 좋은 운동은 등 근육을 강화하는 것이다. 수치심은 콤플렉스와도 연관이 있다. 이와 관련된 이야기는 3부 마지막 등 근육에 대한 내용에서 함께 다룰 예정이니 궁금하다면 책을 좀 더 읽어나가길 바란다.

## 소리 없는 폭력, 수치심

수치심은 개인의 문제인 동시에 사회의 문제이기도 하다. 그토록 많은 사람들이 다이어트를 하는 이유는 무엇일까? 미디어에 노출된 이상적인 몸매를 현실의 기준으로 받아들이고 자신의 몸과 비교하기 때문이다. 자신을 타인과 끝없이 비교하는 일은 총알이 쏟아지는 전쟁터에 맨몸으로 나가는 것과 같다. 백전백패, 결과가 정해진 싸움이다. 만약 불행해지고 싶다면 유명한 타인과 자신을 비교하라. 삼 초만에 죽을 만큼 불행한 기분을 맛볼 수 있을 것이다.

　　수치심은 "내가 잘못되었다"라는 생각에서 비롯하기 때문에 작은 결점도 커다란 결함으로 만든다. 카메라를 줌인한 듯 시야가 좁아져 남들은 신경도 쓰지 않는데 혼자 심각해진다. 외모에 대한 이야기든 성격에 대한 이야기든 돈에 대한 이야기든 먹을 때 내는 소리에 대한 것이든 수치심은 인생의 모든 영역에서 무차별적으로 우리를 공격해온다.

사람들은 수치심에 오랫동안 사로잡혀 있을수록 점점 더 자신에게 문제가 있다고 느낀다. 그러나 동시에 이 느낌에서 도망치고 싶어한다. 그러다 보니 폭식과 거식을 오가는 섭식 장애가 생기기도 하고 우울증, 불안 장애, 알코올 중독, 쇼핑 중독에 빠지기도 한다. 이 모든 것이 자신을 문제가 있는 존재, 결함이 있는 존재로 여기는 태도에서 나온다.

이런 생각은 마음에 커다란 구멍을 만든다. 물건을 산더미처럼 사들여도, 다이어트에 성공해도, 헬스장을 수없이 바꿔도 만족감은 찰나일 뿐 손에서 빠져나가는 모래처럼 허망하게 사라진다. 더 많은 것을 갖고, 더 많이 일하고, 더 많은 사람들을 만나도 마음의 허기가 심해질 뿐이다. 자신을 가치 없는 초라한 존재로 느끼기 때문이다. 그래서 자신에게 조건부 사랑을 내건다.

"내가 성공하면 사람들이 날 무시하지 않을 거야."

"내가 부자가 되면 사람들이 날 좋아할 거야."

"내가 멋진 몸을 만들면 연애를 잘하게 될 거야."

성공하고 부자가 되고 멋진 몸을 만드는 일은 도전할 가치가 있고 좋은 일이다. 그러나 이것은 자신을 신뢰할 때 효력이 있다. 내가 병든 인간이고 잘못된 존재라는 생각을 버리지 않는 한, '무엇을 하면' 자신이 더 나아질 것이라 믿는 건 임시 처방에 불과하다. 결코 근본적인 치료가 되지 않는다. 조건부 사랑의 특징은 조건을 채우면 채울수록 더 크고 강력한 조건들이 새로 나타난다는 것이다. 당신 내면의 수치심은 당신이 지구를 구하고 오더라도 고작 그 일을 하고 우쭐거리느냐며 우주를 구하라고 할 것이다!

수치심이 강요하는 불가능한 조건을 고스란히 받아들이며 살아가는 일은 자신이 자신에게 가혹한 고문관이 된다는 뜻이다. 늘 부족함에 시달리며 어깨를 당당하게 펴지 못한 채 타인의 시선에 신경쓰느라 내가 진짜 하고 싶은 일을 하지 못한다. 비현실적인 기대를 이루기 위해 불안과 신경증에 시달리며 자신을 혹사시키는 것이다.

수치심은 소리 없는 폭력이다. 한 사람이 인생을 망가뜨리는 강력한 힘을 갖고 있다. 작은 일에도 마음의 셔터가 내려오고 친밀한 관계에서 철수한다. 감정을 표현하고 생각을 드러내고 자기 의견을 주장하는 대신 감정을 폭발시키고 생각을 강요하고 타인의 의견을 묵살한다. 냉담한 태도를 보이거나 화를 내거나 울거나 우울해지거나 작은 일에도 민감해진다. 자신을 초라하게 느끼기에 타인과 진실한 관계를 맺기 어려워지며 마침내 삶이 무의미해진다.

이러한 수치심의 문제에서 나도 예외는 아니었다. 초등학생 때부터 대학생 때까지 공부를 잘해본 적이 없었다. 공부에 재미를 붙이지 못하니 공부가 싫었고, 공부가 싫으니 공부를 안 했고, 공부를 안 하니 시험을 못 봤고, 시험을 못 보니 성적이 안 나오는 악순환을 반복했다. 그러다 보니 주변의 시선 또한 살갑지 않았다. 단지 학교에서 배우는 과목의 시험 점수가 낮았던 것인데 '꿈이 없는 애', '앞길이 깜깜한 애', '어디에 취직이나 제대로 할지 걱정되는 애'로 낙인찍혔다.

지금이야 학창 시절 공부는 시험 성적을 잘 받기 위한 것일 뿐 내가 하고 싶은 일을 잘하고 못하는 기준이 되지 않는다고 생각하지만 그때는 '공부는 곧 성적이고 모든 것'이라 생각했다. 성적이 나쁜 나는 '당연히' 공부를 못하는 사람이었고 '공부 못하는 애'는 학창 시절을 지배한 내 정체성이었다. '공부'를 생각하면 '나는 공부를 못하는 애'라는 생각이 저절로 따라왔으며 '공부를 못하는 애'라는 생각은 '열등생'이라는 꼬리표를 만들었다. 주변의 부정적인 시선보다 더 치명적인 것은 내가 나를 바라보는 시선이었다. 스스로를 '잘하는 게 아무것도 없는 애'로 생각하고 있었던 것이다.

그런데 원해서 시작한 공부는 달랐다. 용어는 어렵고 내용도 복잡혔지만 그렇게 재미있을 수가 없었다. 헬스 트레이닝에 입문한 후 근육에 대한 공부를 통해 우리 몸이 어떻게 이루어져 있고 특정 근육을 키우려면 어떤 운동을 해야 하는지, 그것이 왜 효과적인지 알고 나니 신체와 관련한 지식도 점점 더 쉽게 이해되었다. 지금 생각해도 참 신기한 일이다. 이과 쪽 공부라면 질색하던 내가 생리학과 영양학까지 스스로 공부하다니! 공부를 못하던 중·고등학교 때를 생각하면 상상도 못할 일이다.

공부를 하면 할수록 단편적인 지식을 무작정 외우는 것보다 근원을 찾고 원리를 이해하고 해당 내용이 주변과 어떻게 연결되는지 하나둘 알아가는 게 나와 잘 맞는다는 사실도 알게 되었다. 근원을 찾아서 공부하는 습관은 어학에도 반영되었다. 독학으로 영어를 공부하면서 어원 위주로 공부했다. 중·고등학교 영어 성적은 뒤에서 세는 게 빨랐지만 지금은 영어에 대한 두려움을 완전히 극복했다. 덕분에 현재의 내가 그때의 나에게도 돌아가 "넌 영어를 잘하게 될 거야"라고 말한들 그때의 내가 과연 믿을까 싶을 정도로 달라졌다.

주입식 공부에 반발심이 커서 지금도 무조건 외워야 하는 암기식 공부를 싫어한다. 그러나 헬스 트레이너가 되기 위해 배우고 익혀야 할 것은 생각보다 많았다. 부위별 근육의 이름과 작용은 물론 생리학 개념과 영양학 용어에 이르기까지 공부를 하면 할수록 모르는 게 나왔다.

그러나 모르는 것에 대한 스트레스보다 알게 되었을 때의 희열이 더 컸다. 좋아서 했던 공부였기 때문일 것이다. 무언가를 꼭 알아야겠다고 생각하면 싫고 좋고를 떠나 마음먹고 책을 들었고 내용을 몇 번이고 반복하며 외웠다. 국제 헬스 트레이너 자격증 시험공부를 혼자 할 수 있었던 것도 깊이 파고들며 하나둘 알아가는 재미를 알았기 때문이다.

만약 내가 좋아하는 일을 찾지 않고, 도전하지 않고, 자신을 포기하며 살았더라면 지금 어떤 모습일지 생각해볼 때가 있다. 지금처럼 건강한 자존감을 갖지는 못했을 것이다. 수치심 덩어리가 되어 스스로를 형편없는 사람으로 여긴 채 어제와 똑같은 오늘을 탓하고 자신을 탓하고 남을 탓하고 세상을 탓하고 있을지도 모른다.

나는 여전히 실수를 하고 툭하면 넘어진다. 모르는 게 많으므로 배울 것도 많다. 수치심도 내 마음 깊은 곳 어딘가에 남아 있을 것이다. 그러나 적어도 예전처럼 휘둘리진 않는다. 수치심이 나를 지배하도록 두지 않기 때문이다. 바다의 파도를 잠재울 수 없는 것처럼 수치심을 완벽하게 없앨 수는 없다. 그러나 파도타기를 배우듯 우리는 수치심을 다루는 법을 배울 수 있다.

## 수치심에서 벗어나는 세 가지 방법

수치심 중독에서 벗어나는 일이 중요한 이유는 수치심이 우리의 자존감을 심각하게 훼손하기 때문이다. 그렇다면 수치심에서 어떻게 벗어날 수 있을까? 수치심에서 벗어나는 법을 배우려면 무엇이 내 안의 수치심을 건드리는지 알아야 한다. 어떤 말을 들을 때 화가 나는지, 어떤 상황에서 자존심이 크게 상하는지, 누구와 함께 있을 때 유난히 마음이 쪼그라드는지, 어딘가로 숨어버리고 싶을 때는 언제인지, 자신을 자극하는 단서를 찾아보는 것이 수치심을 다루는 첫 번째 방법이다.

수치심은 무의식의 그늘 속에 숨어 있을 땐 무시무시한 괴물로 보이지만 막상 의식의 빛 안으로 데려오면 별것 아닌 듯 보인다. 그것은 어릴 때 부모에게 들었던 한마디 말이었을 수도 있고, 친구 사이에 있었던 작은 다툼이었을 수도 있다. 그 일이 어떤 일이었든 수치심은 오직 하나의 메시지만 전달한다. "네가 문제야"라는 메시지다. 때로 일이 잘못되거나 상황이 잘못될 수는 있어도 자신이 문제인 것은 아니다. 자신의 존재 자체가 문제라고 느낄 땐 수치심에 사로잡혔을 때뿐이다.

수치심을 알아차리는 두 번째 좋은 방법은 신체 반응을 느끼는 것이다. 부정적인 생각과 요동치는 감정에 빠지지 말고 현실적인 신체 감각에 집중하라. 얼굴이 붉어지거나 배가 아프거나 입안이 바짝 마르고 심장이 두근거리며 손바닥에서 땀이 나는 등 다양한 증상이 나타날 수 있다. 달갑지 않은 증상이 사라질 때까지 호흡을 하며 오직 몸에서 느껴지는 감각에 집중해본다.

세 번째 방법은 줌인에서 줌아웃으로 시야를 확장하는 일이다. 컵 하나를 들어 눈앞에 가까이 가져와보라. 컵이 눈을 가려 앞이 보이지 않을 것이다. 이때 앞이 보이지 않는다고, 큰일 났다고, 인생이 망했다고 두려워할 사람이 있을까? 앞을 보고 싶다면 다시 컵을 내려놓으면 그만이다. 수치심도 이와 비슷하다. 마음의 눈을 가려 당장이라도 큰일 난 것처럼 상황을 왜곡시킨다. 그러므로 어떤 상황에서 수치심이 고개를 든다면 이렇게 말해주자.

"괜찮아. 이건 충분히 일어날 수 있는 일이야. 이건 전체가 아니라 과정 중의 일부야. 이런 일로 내 삶이 망가지진 않아. 다시 할 수 있어."

수치심을 다룰 줄 알게 되면 내면의 힘이 커진다. 실제로 수치심을 잘 다루면 삶에서 큰 성장을 이룰 수 있다. 내가 수치심에서 벗어날 수 있었던 이유는, 잘하는 일도 있고 못하는 일도 있지만 그래도 "나는 괜찮은 사람이야"라는 생각을 하면서부터였다. 그리고 그

계기는 운동을 시작한 것이었다. 나도 뭔가를 꾸준히 할 수 있는 사람이고 마음을 쏟으면 잘하게 된다는 것을 깨달았기 때문이다. 다른 사람을 돕는 즐거움을 알았고, 내가 하는 일과 자신에 대한 자신감도 높아졌다. 완벽하게 해내지 못할 때도 있고, 어이없는 실수로 일을 망칠 때도 있었다. 그럴 때마다 나는 나에게 말해주었다.

"괜찮아. 앞으로 더 좋아질 거야."

지금도 가끔은 불안하고, 때로는 두렵다. 나의 약한 점을 인정하기 싫을 때도 있다. 그러나 수치심은 바로 그 지점, 나 자신의 내면에 깃든 취약성과 연관되어 있으므로 용기 내어 자신의 취약성을 드러낼 때 오히려 더 강해진다는 것을 알고 있다. 약한 근육을 단련해 튼튼한 근육으로 만드는 것처럼, 약점이 강점이 되는 것이다.

수치심을 직면하고 다루는 일은, 어렵지만 반드시 필요한 일이다. 과거에 어떤 일을 겪었든 그 일은 지금 당신을 위협하지 못한다. 미래에 어떤 일이 벌어지든 당신은 잘 해낼 것이다. 당신은 가치 있는 존재이고 자기 삶을 살아갈 수 있는 능력이 충분하다. 이미 지나간 과거를 후회하거나 아직 오지 않은 미래를 걱정하느라 현재의 소중한 시간을 버리지 말자. 수치심이 당신의 어깨를 짓누르지 않도록 하자. 당당하게 어깨를 펴라.

# 핏블리의 멘탈 강화 트레이닝

## 레터럴레이즈

1  양손에 덤벨을 들고 측면으로 올려준다.
2  이때 팔꿈치는 살짝 구부려 무게가 어깨에 실리도록 한다.
3  올릴 땐 숨을 내쉬고 내릴 땐 들이마신다.

사이드 레터럴 레이즈 자세 완벽정리 | 승모근 개입없이 어깨 운동 하는법 (feat.내추럴 어깨뽕 만들기)

어깨라인+쇄골라인 만드는 운동 [사이드레터럴레이즈]

--------------------------------------------------------

## 내게 수치심을 주는 말

평소 어떤 말을 들을 때 수치심이 자극되는지 글로 써보자. 자신의 무능함을 자극하는 말일 수도 있고, 신체를 평가하는 것에 관한 말일 수도 있다. 어떤 말이든 괜찮으니 용기를 내자. 그 말이 당신을 죽이진 않는다. 글로 써보는 이유는 자학하기 위해서가 아니라 그 말이 사실이 아님을 확인하기 위해서다. 수치심을 자극하는 말 옆에 그렇지 않은 증거를 써서 반박해보자. 예를 들어 "난 실패자야"라는 말을 썼다면 내가 성공했던 경험, 내가 잘 해냈던 경험과 함께 "난 실패자가 아니야. 단지 그 일에서 ~한 일을 기대보다 작게 했을 뿐이야. 나는 최선을 다했어!"라고 쓴다. 자신에게 힘이 되는 말을 써도 좋다.

# 감정의 주인으로
# 살아가라

## Warming-up

가슴은 어깨에서 시작해 명치에 이르는 부분이다. 가슴의 대표 근육
으로는 대흉근이 있다. 대흉근은 무언가를 밀거나 던질 때 어깨 근육
과 함께 쓰는 근육이다. 일자가 아니라 사선 형태로 되어 있기 때문에
수평으로 밀면 제대로 수축이 되지 않는다. 그러나 제대로 된 방법으
로 운동하면 다른 근육에 비해 노력의 결과가 금방 드러난다. 가슴
근육이 제대로 기능하지 못하면 상체 동작에 커다란 문제가 생긴다.

"가슴이 답답하다", "가슴이 두근거린다", "가슴이 뻥 뚫린다"라
는 말을 자주 들어봤을 것이다. 감정을 표현할 때 가슴에 비유하는

경우가 유난히 많은 이유는 무엇일까? 가슴이 마음의 의미로도 쓰이기 때문일 것이다. 노력의 결과가 눈에 띄게 드러나는 가슴 근육처럼, 감정 조절을 잘하면 자신과 맺는 관계뿐만 아니라 타인과의 관계도 편안해진다. 감정은 외부 자극에 대한 반응이기 때문에 자연스럽게 생기는 것이고 적절히 소화를 시키면 사라진다. 반면 풀지 못한 감정은 결코 사라지는 일이 없고 오래 억눌러둔 감정은 부적절한 상황에서 갑자기 튀어나온다. 가슴 근육을 단련하며 감정 공부를 시작해보자.

## 감정의 주인으로 살아가고 있는가

나는 어릴 때부터 뚜렷한 성향이 있었다. 누구에게도 간섭받지 않고 자유롭게 살고 싶다는 것이었다. 어떻게 하면 자유롭게 살 수 있는지, 진정한 자유가 무엇인지도 몰랐지만 어쨌든 '자유롭게' 살고 싶은 마음만은 강했다.

　'좋은 대학에 가면 자유로워질까?'

　'돈을 많이 벌면 자유로워질까?'

　'멋진 곳에서 살면 자유로워질까?'

막연하게 이런 질문을 던지며 자유롭게 사는 삶을 꿈꾸었다. 엄청나게 좋은 대학에 가지는 못했지만 대학에 갔고, 거부가 되지는 못했지만 혼자 살아갈 수 있을 만큼 충분한 돈도 벌었고, 아름다운 풍경이 있는 나라에서 살아보기도 했다. 순간순간 자유롭다는 생각이 들었지만 그래도 이것이 정말 내가 원하던 자유인지 의심이 들 때도 있었다.

그러던 어느 날, 평범한 일상을 보낸 뒤 잠자리에 들었는데 눈을 감는 순간 너무나 평온한 마음이 들었다. 나도 모르게 '아! 내가 참 자유롭구나!'라고 생각했다. 자유로워지려고 애를 쓰지 않아도 진정 자유롭다는 느낌을 받았던 것이다. 그리고 깨달았다. 하고 싶은 일을 하고, 스스로 돈을 벌고, 가고 싶은 곳에 가고, 만나고 싶은 사람을 만나면서 살고 있다는 신체적·정신적 자유 외에, 자유롭게 사는 데 중요한 요건이 한 가지 더 있다는 것을. 그것은 바로 감정적으로 평온을 유지하는 일이었다.

아무리 돈이 많아도, 아무리 멋진 곳에서 살아도 정서적으로 외롭거나 누군가와 갈등을 겪거나 하고자 하는 일이 잘 풀리지 않아서 괴로울 땐 내가 자유롭다는 생각조차 들지 않았다. 가슴에 커다란 바위가 하나 들어앉은 듯 답답하고 무거웠다. 화가 나거나 우울하거나 슬픔을 느낄 땐 화창한 파란 하늘도 암울하게 보였다.

반면 마음이 평온하거나 즐겁거나 기쁠 땐 축축하게 비가 내리는 흐린 거리조차 아름답게 보였다. 나의 내면 상태가 외부 상황을 인지하는 데 큰 영향을 미친다는 사실은 나에게 신선한 충격을 주었다. 특별한 일을 경험한 게 아니라 평범한 하루를 보낸 후 다가온 깨달음이라 더욱 인상 깊었던 것 같다.

물론 감정의 중요성을 깨달았다고 해서 내가 바로 감정의 주인으로 살 수 있었던 것은 아니다. 남에게 상처를 줄 만큼 감정을 터트리는 일은 없었지만 내 감정에 빠져 허우적거리기도 했고, 치밀어 오르는 화를 어떻게 해야 할지 몰라 분노의 데드리프트를 빡세게 하던 날도 있었다. 다행히 크게 동요되던 감정도 운동을 하고 나면 어느새 사라지고 다시 평정심을 찾곤 했다.

몸을 움직이면 감정이 어느 정도 해소된다는 경험을 하고 나자 신체와 감정에 대한 호기심이 생겼다. 평소 주변 사람들에게 "감정적이지 않고 정서적으로 안정되어 보인다"라는 말을 자주 듣는데, 어렸을 때보다 짜증을 내거나 화를 내는 등 부정적인 감정을 느끼는 일이 확연히 줄었다. 이 또한 몸을 꾸준히 단련한 덕분일 것이다.

팔을 올리거나 어깨를 돌리거나 상체를 좌우로 흔드는 일은 어려운 일이 아니다. 그러나 내 팔과 어깨가 내 뜻대로 움직여지지 않는다면 어떨까? 상체를 굽히지도, 펴지도 못한다면 어떨까? 우리가 삶을 살아갈 수 있는 원초적인 조건은 몸이 있기 때문이다. 특히 가슴 근육인 대흉근은 팔 근육, 어깨 근육과 함께 잡고 던지고 밀고 들어올리는 모든 일에 관여한다. 대흉근이 탄탄해지면 몸의 중심 균형이 잡히면서 더 큰 힘을 낼 수 있다.

건강한 신체는 자존감의 한 축을 이루지만 몸과 함께 관심을 기울여야 하는 것이 감정이다. 몸이 외부의 신체라면 감정은 내부의 신체와 같다. 몸에 적당한 근육이 붙어 있을 때 움직임이 자유롭듯, 감정이 안정되어 있으면 생각이 자유로워진다. 자신을 쓸모없는 사람으로 느끼며 수치심에 사로잡혀 있을 때와 삶의 주인이라는 자신감을 느낄 때 스스로 얼마나 달라지는지 생각해보라.

이렇듯 감정은 우리를 돕기도 하고 해치기도 한다. 감정의 주인으로 살면 한 평 방 안에서도 평화롭지만, 감정의 노예로 살면 세상 어디를 가도 괴롭다. 감정의 주인이 되려면 내 안의 감정을 인정해주는 것부터 시작해야 한다. 어떤 감정이든 억압하거나 회피하지 않고 있는 그대로 느껴보자.

감정이 멋대로 날뛰더라도 감정 탓을 할 필요는 없다. 감정엔 잘못이 없다. 다만 우리 자신이 감정을 다루는 데 서툰 것뿐이다. 대흉근을 단련하듯 감정을 조절하는 법을 배우자. 감정에 휘둘리지 않고 조절할 수 있다는 것을 깨닫는 순간, 벅찬 자신감이 가슴 가득 차오를 것이다.

## 감정을 인정하되 감정에 지배되지 마라

감정의 주인으로 살아가면 어떤 일이 생길까? 장점이 여럿 있지만 내가 첫손으로 꼽는 것은 자존감이 높아진다는 것이다. 이는 곧 자신에 대한 든든한 신뢰가 생기는 것을 의미한다. 갑작스러운 일에 휘말리거나 예상치 못한 일을 겪으면 누구라도 휘청거리거나 쓰러질 것이다.

그러나 정서적으로 안정되어 있으면 일시적으로 휘청거리거나 쓰러져도 다시 일어날 수 있다. 다시 일어선다는 것이 반드시 전과 같은 상황을 회복한다는 뜻은 아니다. 최고점을 찍었을 때보다 낮은 상태로 돌아갈 수도 있고, 그보다 더 높은 상태로 도약할 수도 있다.

미래를 아는 능력이 생기지 않고서야 인생에 어떤 일이 발생할지 모든 일을 다 예측할 수는 없다. 설령 미래를 안다고 해도 일어나는 일을 전부 막을 수는 없는 노릇이다. 적어도 최악의 상황만이라도 막을 수 있으면 좋겠는데, 예측하지 못하기에 대비하지도 못할 테니 결국 결과는 마찬가지다. 그런데 생각해보면 대개 최악의 상황은 '내 생각 밖의 일'이 일어났을 때다. 전혀 생각하지 않았던, 내 사고 범주 너머에 있는, 상상을 뛰어넘는 나쁜 일이 생겼을 때 최악의 상황이라고 하는 것이다. 즉 최악의 상황이라고 느끼기 때문에 최악의 상황이 되는 것이다.

코로나19가 헬스장을 강타했을 때 나는 최악의 상황이라 느꼈다. 내 힘으로 할 수 있는 게 무엇이 있을지 혼란스러웠고, 노력만으로 되지 않는 일이 있다는 것도 깨달았다. 생전 처음 겪는 처절한 경험이었다. 그런데 지금은 그때만큼 힘들다고 느끼진 않는다. 상황이 변한 것도 있지만 그 힘든 시기를 버틸 수 있었던 건 내가 정서적으로 완전히 무너지지 않았던 덕분이다. 그리고 다시 일어설 수 있었던 이유도 마음을 단단히 먹고 희망을 놓지 않았기 때문이다.

만약 내가 일련의 상황 탓에 매일 감정의 소용돌이 속에서 살았다면 어땠을까? 폭발하듯 솟구치는 분노와 밑도 끝도 없이 생겨나는 불안, 발밑이 꺼지는 듯한 두려움, 다시는 재기할 수 없다는 좌절감에 사로잡혀 있었다면? 무언가를 새롭게 모색하는 일도, 절망에서 희망을 보는 일도, 맨몸으로 다시 시작하는 일도 없었을 것이다.

코로나19는 내가 이룬 것을 쓰나미처럼 휩쓸고 갔지만 내 마음마저 가져가지 못했다. 오히려 나를 더 강하게 일어서게 했다. 슬픔에서 감사로, 절망에서 희망으로, 두려움에서 용기로 감정이 변하는 것을 느낄 때마다 내 안에 깃들어 있는 진짜 힘을 만났다.

삶에 닥쳐온 위기를 회피하지 않고 정면으로 마주하기 시작할 때 위기는 기회가 되었다. 내 안에 있는지조차 몰랐던 어마어마한 힘이 솟구쳤다. 해결해야 하는 일을 미루지 않고 결정했고, 나보다 더 힘든 상황에 있는 사람들을 도왔다. 억울함과 슬픔에 젖어 눈물을 펑펑 흘리면서도 가슴에서 솟구치는 감정에 솔직했다. 적어도 내가 나 자신을 속이고 싶지는 않았다. 울지 않고 참기만 했거나 괜찮은 척 위장했다면 속병이 나도 단단히 났을 것이다.

힘든 시기를 통과하는 동안 온갖 감정이 나를 찾아왔지만 그 모든 감정을 인정하되 지배당하지 않았기에 나를 지킬 수 있었다. 나도 사람인데 부정적 감정이 강하게 들 땐 당연히 힘들다. 내일 어떤 일이 생길지 불안하고, 당장 먹고살 수 있을지 두려워진다. 그러나 감정에 휘둘려도 상황은 나아지지 않는다. 오히려 휘둘리면 휘둘릴수록 위기가 소나기처럼 쏟아진다. 감정에 취약하면 갈등을 제대로 풀어내기 어렵기 때문이다.

삶은 위기의 연속이고 그 위기를 어떻게 지혜롭게 넘기느냐에 따라 몰락과 성장이 결정된다. 삶을 정면으로 마주볼 때 위기는 기회가 된다. 가슴 근육을 키우는 일은 신체의 정면을 만드는 일이다. 가슴 근육이 잘 발달하면 한마디로 '몸이 있어 보인다.' 가슴이 탄탄하면 신체적으로도 안정되어 보인다. 가슴이 넓은 사람이라는 말이 포용력이 큰 사람을 비유적으로 이르듯 넓고 탄탄한 가슴은 보는 사람으로 하여금 의지하고 싶은 마음이 들게 한다.

가슴이 넓은 사람이라는 말이 포용력이 큰 사람을 비유적으로 이르듯 넓고 탄탄한 가슴은 보는 사람으로 하여금 의지하고 싶은 마음이 들게 한다.

마찬가지로 감정이 안정되어 있는 사람은 주변을 편안하게 한다. 이지간한 큰일에도 평정심을 유지하며 성질을 부리는 일도 없다. 표정은 온화하고 행동도 호들갑스럽지 않다. 함께 일할 때도 어려운 일도 함께 극복할 수 있겠다는 믿음이 간다.

반면 정서적으로 기복이 심한 사람과 일하는 것은 어렵다. 일에 초점을 맞춰야 할 때도 기분 때문에 불필요한 논쟁으로 빠지기도 한다. 또 그런 사람들은 공감받지 못해서 힘들다는 말을 시도 때도 없이 하거나 상대를 감정 쓰레기통으로 만든다. 갑자기 전화해서 대화를 하자고 하더니 자기 할 말만 폭포처럼 쏟아내고 일방적으로 끊는다. 이게 무슨 일인가 싶어 뒤늦게 정신을 차려도 남아 있는 건 그가 소화시키지 못하고 아무렇게나 던져버린 감정의 찌꺼기뿐이다.

당신에게 이런 친구가 있는가? 그렇다면 단호하게 대처하라. 당신이 감정 서비스 센터가 아니라는 것을 알려라. 좋은 관계에선 감정의 교류가 충분히 일어나지만 서로를 피폐하게 하는 관계에선 감정이 어긋난 톱니바퀴처럼 돌아간다. 삐그덕거리는 소리를 듣는 것도 괴롭지만 날 선 말이 파고들어 가슴에 상처를 내기도 한다.

그러나 우리에게 상처를 주는 것은 말이 아니다. 말 속에 담겨 있는 감정이다. 예를 들어 두 사람에게 "밥은 먹었어?"라는 말을 들었다고 해보자. 한 사람은 다정한 관심을 담아, 또 한 사람은 짜증 섞인 비난을 담아 건넨 말이라 할 때, 말은 같지만 그 말을 들었을 때의 기분은 사뭇 다를 것이다. 이처럼 같은 말도 어떤 감정을 담아 전달하느냐에 따라 위로가 되기도 하고 상처가 되기도 한다.

자신의 감정을 잘 수용하는 사람은 섬세하다. 감정에 섬세한 사람은 말을 할 때도 상대를 배려한다. '마음이 잘 통한다', '소통이 잘된다'라는 것은 서로 공감한다는 뜻이다. 인기가 많고 주변에 사람이 많이 모이는 사람은 말을 잘하는 사람이 아니라 대화를 잘하는 사람이다. 대화를 잘하는 사람은 상대가 하는 말이 무슨 뜻인지 바로 이해한다. 나아가 대화를 훌륭하게 하는 사람은 상대가 하지 않은 말까지 들을 줄 안다.

## 부정적 감정에 빠질 때마다 가슴을 열어라

감정은 인간성에 깊이를 부여한다. 긍정적인 감정만 느끼려고 하거나 부정적인 감정을 무조건 차단한다면 얄팍한 사람이 된다. 슬픔부터 분노에 이르기까지 다양한 감정의 층위를 느끼고 감당하는 사람은 그만큼 광대한 마음의 깊이를 가진 사람이 되기 때문이다. 부정적인 감정을 거부하는 것과 부정적인 감정을 인정하되 휘둘리지 않는 것은 전혀 다르다.

그렇다면 우리를 힘들게 하는 부정적인 감정을 어떻게 다루는 게 좋을까? 사실 나쁜 감정은 없다. 모든 감정은 정당하고 의미가 있다. 두려움은 생존을 위해 반드시 필요한 감정이다. 만약 인류의 조상이 두려움을 느끼지 못했다면 위험한 상황을 벗어나거나 목숨을 위협하는 적을 피하려고도 하지 않았을 것이다. 정상적으로 작동하는 두려움은 뭔가 잘못되었다는 것을 직감적으로 알려준다. 생존 확률을 높이는 것이다.

슬픔은 사랑하는 사람과 이별하거나 소중히 여기던 것을 잃었을 때 느끼는 감정이다. 상실로 인해 슬픔에 빠져 있는 사람은 멍한 상태일 때가 잦다. 슬픔이 삶의 속도를 늦추는 이유는 잠시 멈춰 서서 자신을 돌보라는 신호이기 때문이다.

절망은 예전의 방식은 낡아서 더 이상 통하지 않으니 새로운 삶의 방식을 찾아야 한다는 것을 알려준다. 느긋하게 흘러가던 강물 위에 떠 있다가 폭포로 떨어지지 않도록 중간에 소용돌이를 만들어주는 것이다. 절망을 통해 우리는 새로운 방향을 모색하고 다시 앞으로 나아가는 추진력을 얻는다.

나 또한 이 모든 감정을 겪었다. 감정에 사로잡혀 있을 때도 있었고, 홀가분하게 털어버린 적도 있었다. 내 안의 감정을 경험하면서 알게 된 한 가지 사실은 감정은 순간마다 변한다는 것이다. 흐르는 강물처럼 한순간도 동일한 상태에 머물지 않는다. 하나의 감정을 느끼는 것 같지만 그 안에 다른 감정이 스며들기도 하고 동시에 여러 감정을 느끼기도 한다.

슬픔에 젖어 있을 때조차 그 슬픔은 시시각각 달라진다. 화가 났다가 짜증이 생겼다가 낙담했다가 기대를 품었다가 상실감에 빠졌다가 다시 슬퍼진다. 오 분 전엔 화가 났지만 지금은 언제 그랬냐는 듯 깔깔거리며 웃고 있다. 지금은 세상을 다 가진 듯 행복해도 오 분 후엔 세상이 무너지는 듯한 절망을 맛보게 될 수도 있다. 우리의 하루를 영화처럼 볼 수 있다면, 오만 가지 감정의 변화를 발견할 것이다.

감정이 시시때때로 달라지는 것은 자연스러운 일이다. 오히려 하나의 감정에만 사로잡혀 있을 때 가슴이 고장 난다. 스물네 시간 분노하고 있다거나 1년 내내 슬픔 속에서만 살아가는 사람을 상상할 수 있는가? 감정이 수시로 변하는 것은 외부의 자극에 대한 반응이기 때문이다. 아무 일도 일어나지 않으면 감정도 출렁거리지 않는다. 아무 일도 일어나지 않는 것이 자극이 되어 심심함을 느끼겠지만 말이다.

이렇듯 한시도 가만히 있지 않는 감정을 조절하려면 어떻게 해야 할까? 감정을 컨트롤한다는 것은 흘러가는 구름을 손으로 잡으려고 하는 것처럼 어리석은 일이 아닐까? 감정이 생기는 것을 없앨 수도 없고, 감정이 변하는 것을 막을 수도 없지만 감정을 조절하는 법을 배우는 것은 가능하다.

가슴 근육을 강화하는 일을 생각해보자. 사람마다 타고난 가슴의 근육 형태를 바꿀 수는 없지만 운동을 통해 더 낫게 만들 수는 있다. 가슴 근육을 키우면 팔 힘과 어깨 힘이 강해지고 더 무거운 덤벨도 들 수 있게 된다. 쓸 수 있는 힘 자체가 달라지는 것이다.

마찬가지로 감정을 조절하는 연습을 하면 참을성이 많아지고 의지력이 길러지며 자신감이 높아진다. 외부의 변화에 일희일비하지 않고 상황에 맞게 판단하는 등 마음이 강해지는 것이다. 특히 분노, 두려움, 슬픔, 좌절, 절망 등 우리를 힘들게 하는 감정을 잘 다루면 삶에서 중요한 시기에 감정에 쏠려 일을 망치지 않는다. 근육을 키우는 운동을 평소에 꾸준히 하는 것이 좋듯 감정을 다루는 연습도 일상에서 자주 해보자. 감정을 다루는 연습을 하는 데 도움이 되는 방법 세 가지를 소개하고자 한다.

첫째, 감정을 있는 그대로 인정한다. 어떤 감정이 느껴지든 그대로 받아들이는 것이다. 부정적 감정일수록 살뜰한 보살핌이 필요하다. 왜 이런 느낌이 드는지, 이런 감정을 느끼는 게 맞는지 감정을 판단하거나 해석하지 말고 "내가 지금 화가 났구나", "내가 지금 슬프구나"라고 그저 알아주는 것이다.

어린아이를 생각해보자. 아이가 친구와 싸워서 울면서 들어왔다면 당신은 어떻게 하겠는가? 부드럽게 안아주고 눈물을 닦아준 다음 속상한 마음을 달래줄 것인가, 아니면 왜 싸웠냐고, 왜 말썽만 피우냐고 야단부터 칠 것인가. 이유를 물어보는 건 마음을 풀어준 다음에 해도 괜찮다. 아이의 마음이 열리면 묻지 않아도 아이가 있었던 일을 말할 테니 말이다. 그런데 화부터 내면 아이는 어떻게 할까?

눈치를 보면서 입을 닫거나 속상한 마음에 화를 내거나 떼를 쓸 것이다. 우리 감정을 돌보는 일도 아이를 돌보는 일과 비슷하다.

둘째, 자신이 어떤 감정이 자극되는 환경에 자주 노출되는지 파악한다. 내 말을 사사건건 반대하고 트집 잡고 나에게 시비를 거는 배우자와 함께 산다면 평정심을 유지하기 어려울 것이다. 지시를 수시로 바꾸면서 변덕을 부리면서도 있는 대로 신경질을 내고 소리를 질러대는 상사와 일해야 하는 환경에선 매일매일 감정 노동에 시달려 멘탈이 탈탈 털릴 것이다. 약속을 밥 먹듯 어기고 자신의 일까지 은근히 떠넘기지만 내 공은 슬쩍 가로채는 동기와 프로젝트를 진행하는 중이라면 하루에도 수십 번씩 마음에서 화산이 폭발하는 경험을 하게 될 것이다. 정신 건강을 위협할 정도로 심각하다면 환경을 과감히 바꾸거나 관계를 정리하는 것이 낫다.

그러나 나를 존중하고 진심으로 아껴주는 사람들과 함께 있거나 운동을 열심히 한 보람이 나타나거나 최선을 다해 일한 결과가 만족스러울 때 우리는 충족감을 느낀다. 집은 깔끔하게 정리되어 있고, 옷은 깨끗하게 세탁되어 옷장에 걸려 있고, 냉장고엔 신선한 고기와 야채와 과일이 알맞게 들어 있을 때에도 만족감을 느낀다. 나를 괴롭히는 사람도 없고, 통장엔 돈이 차곡차곡 쌓이고, 좋아하는 일을 하면서 살고 있을 때 행복하다. 긍정적인 마음을 유지할 수 있도록 좋은 환경을 만드는 것은 자신을 아끼고 사랑하는 일이다.

셋째, 가슴을 활짝 열어 몸을 개방하는 자세를 취한다. 몸과 마음이 서로 영향을 미친다는 사실은 잘 알고 있을 것이다. 가슴을 오므리거나 고개를 숙이는 자세는 우리가 슬픔을 느끼거나 외로울 때 나온다. 습관적으로 몸을 움츠리거나 구부려 몸을 작게 만드는 자세는 마음도 위축시킨다. 우울한 사람이 가슴을 펴고 걷는 것을 본 적이 있는가? 용기가 필요할 때, 희망을 느끼고 싶을 때 몸이 정면으로 향하도록 가슴을 활짝 열어라. 감정은 고정되어 있지 않다. 가슴을 활짝 열고 당당하게 앞을 보며 팔을 힘차게 뻗어라.

넷째, 감정을 손님처럼 대한다. 내가 주인인 몸에 감정이 찾아왔을 때 반갑게 맞이하고, 나갈 때가 되었을 때 보내면 된다. 손님은 일시적인 방문객일 뿐 영원히 머무는 자들이 아니다. 그와 마찬가지로 우리 안의 감정도 왔다가 가는 것이라는 점을 확실히 인지하는 것이다. 감정이 우리 내면에서 주인 노릇을 하는 이유는 우리가 그 감정을 자연스럽게 맞이한 후 보내지 않고 붙잡아두기 때문이다. 한마디로 감정이 주인 노릇을 하도록 안방을 내주는 셈이다.

감정은 겉으로 드러나는 모습과 일치하지 않을 때도 있다. 누군가 소리를 지르는 모습을 보면 그가 화가 났다고 생각할 수도 있지만 사실은 사랑하는 사람을 잃은 상실감 때문이거나 눈앞의 상황에 겁을 먹어서일 수도 있다. 우리는 자신이 느끼는 감정을 때로 정확하게 알지 못한다. 이런 상황에서 자신을 위한 선택을 하기는 더욱 어려울 것이다.

그렇기 때문에 내 감정과 접촉하는 것이 더더욱 중요하다. 감정은 있는 그대로 느끼고 수용하면 사라진다. 다른 사람에게 당신이 어떻게 느끼고 있는지 설명하기 전에 당신이 먼저 자신의 감정을 수용하라. 감정을 가두지 말고 흐르게 하라. 가슴이 열려 있으면 삶에서 기적을 만난다. 그러나 가슴이 닫혀 있으면 코앞까지 찾아온 기적도 놓치고 만다. 힘든 순간일수록 가슴을 활짝 펴자.

# 핏블리의 멘탈 강화 트레이닝

## 푸시업

1   양팔을 가슴 옆에 놓고 몸을 바닥에 대지 않은 상태로 엎드린다.
2   팔을 지면에서 밀어낸다는 느낌으로 힘껏 밀며 몸을 올린다.
3   팔꿈치를 쭉 펴지 않도록 주의한다.
4   다시 팔꿈치를 접어 바닥을 향해 몸을 내린다.

푸쉬업 '제발' 이렇게만 하세요!
진짜 제대로 하는법

여자도 '제발' 가슴운동 하세요! 집에
서 할수있는 가슴운동 푸시업 제대
로 하는법

---

## 다루기 힘든 감정 마주하기

살면서 다루기 힘든 감정은 무엇인가? 최근 그 감정을 느낀 적은 언제, 어떤 상황에서였
나? 그 감정을 느낄 때 자동적으로 따라오는 생각은 무엇인가? 그때 신체에서는 어떤
반응이 나타나는가? 힘든 감정이 올라올 때 나도 모르게 하거나 의식적으로 하는 행동
이 있는가? 감정이 마음껏 흐를 수 있도록 종이 위에 떠오르는 생각을 거르지 않고 써보
자. 어떤 감정이든 무조건 허용하고 수용하자. 글로 쓸 때는 최대한 자세하게 쓰는 것이
좋다.

# 원 씽을 가져라

## Warming-up

배(복부)는 몸통의 앞부분을 뜻하며, 가슴 아래에부터 골반 위까지를 말한다. 배의 중요한 특징은 첫째, 뼈가 없다는 것이고 둘째, 그곳에 중요 장기들이 포진해 있다는 점이다. 대표적인 근육은 복근과 횡격 막이다. 복근은 배 앞쪽에 있으며 벽(복벽)을 이루듯 자리 잡고 있고 복직근, 외복사근, 내복사근, 복횡근으로 나뉜다. 배에서 복근이 발 달한 이유는 장기들을 보호할 뼈가 없기 때문이다. 횡격막은 가슴과 배를 나누는 경계가 되는 근육이다. 수축과 이완을 통해 내부 압력 을 변화시켜 호흡을 가능하게 한다.

복근은 근육 중에서도 가장 만들기 힘든 근육으로 꼽힌다. 다이어트를 한다고 생기는 것도 아니다. 운동을 하는 사람들 사이에서 식스 팩이 하나의 로망처럼 자리 잡은 이유도 그만큼 만들기가 힘들기 때문이다. 운동을 시작한 계기도 멋진 복근을 만들기 위해서인 경우가 많다. 운동을 좀 했다는 사람들 사이에서 복근이 있느냐 없느냐는 자존심의 문제가 되기도 한다. 그러나 겉모습을 떠나 복근은 코어 근육을 이루는 중요한 근육이다. 현재 내게 중요한 것 중에서 한 가지만 고른다면 무엇을 고르겠는가? 당신에겐 지금 이 순간의 '원 씽(one thing)'이 있는가? 살면서 반드시 이루고 싶은 것은 무엇인가? 복근을 단련하며 삶의 우선순위를 생각해보자.

## 지금 당신의 원 씽은 무엇인가?

배의 중요한 근육 중 하나가 복근이다. 복근은 누구에게나 있다. 그러나 잘 보이지 않는다. 지방층에 덮여 있기 때문이다. 복근이 드러나려면 지방이 없어야 하는데 그런 사람은 별로 없다. 보기 힘든 근육이기 때문에 사람들이 더더욱 열광하는 것인지도 모른다. 복근은 근 성장이 드라마틱하게 이뤄지는 부위는 아니다. 근육의 사이즈 자체가 작아서 커지는 데 한계가 있다. 결국 지방을 빼야 한다. 그래서 근육 중에서도 가장 만들기 힘든 근육이 바로 복근이다.

복근은 열심히 운동한다고 생기는 게 아니다. 저칼로리 저지방 음식으로 식단을 조절하며 관리해야 한다. 탄수화물도 단순당이 아니라 복합당이 있는 걸로 먹어야 하는데 이 모든 걸 총합해 쉽게 말하면 현미밥과 닭가슴살 같은 음식을 먹어야 한다는 의미다.

살을 빼고자 한다면 운동만으로는 부족하다. 반드시 식단 조절을 해야 한다. 나처럼 운동을 오래 해온 사람이나 운동선수들도 마찬가지다. 다이어트에 실패하는 이유도 운동에 있다기보다 식단 조절을 못해서인 경우가 많다. 운동은 정해진 방법대로 하면 되지만 식단 조절은 욕구를 참아야 하는 일이기에 더 어렵다.

그래서 다이어트를 할 때 무조건 굶는 방법은 절대 권하지 않는다. 식욕은 본성인데 본성에 반하는 노력을 오래 할 수 없을뿐더러 그런 노력은 오히려 몸과 마음에 해롭다. 탄수화물도 섭취를 아예 끊기보다 빵 대신 현미밥을 먹고, 지방이 낮은 식단으로 차차 바꾸면서 채소를 많이 먹도록 한다.

이렇게 만들기 힘든 복근이지만 꼭 만들고 싶다면 어떻게 해야할까? 당연히 복근을 만드는 데 집중해야 한다. '복근 만들기'를 가장 중요한 일, 원 씽으로 여겨야 하는 것이다. 복근을 만들고 싶다고 생각하면서 매일 저녁마다 술을 마시고, 폭식을 하고, 늦게 자고, 그 결과 운동을 하지 못하는 일이 생긴다면 복근 만들기가 현재의 원 씽이 아닌 셈이다.

한 가지 중요한 일에 초점을 맞추는 일은 돋보기로 햇빛을 한 점에 모으는 것과 같다. 햇빛은 우리 어깨 위에도, 등에도, 뺨에도 내려앉지만 햇볕을 오래 쬔다고 우리 몸에 불이 붙지는 않는다. 오직 빛을 한 점에 모을 때에만 불이 붙어 종이를 뚫는 위력이 발생한다.

살면서 중요하다고 여기는 일들은 한두 가지가 아닐 것이다. 돈도 모아야 하고, 집도 사야 하고, 여행도 가야 하고, 차도 바꿔야 하고, 연애도 해야 하고, 결혼도 해야 하고, 아이도 낳아야 하고, 육아도 해야 한다. 또 한편으로는 환경 운동도 해야 하고, 맛집도 가야 하고, 호캉스도 해야 하고, 몸도 만들어야 한다. 사람마다 중요하게 여기는 것도 달라서 누군가는 승진이 목표지만 누군가는 창업이 목표다. 누군가는 자기계발에 많은 시간을 쓰지만 누군가는 여유를 누리는 데 더 많은 시간을 쓴다. 세상엔 다양한 삶의 형태가 있고 수많은 가치가 혼재한다.

그래서 묻는다. 이토록 수많은 인생의 가치 중에서 당신이 중요하게 여기는 단 한 가지는 무엇인가? 이 질문이 거창하게 느껴질 수 있다. 그렇다면 다시 물어보겠다.

"올 한 해 당신에게 가장 중요한 한 가지는 무엇인가?"

이미 새해에 결심을 하고 사흘 정도는 실행에 옮겼을지도 모르겠다. 그 결심을 진행 중인 사람도 있을 것이고, 새로운 목표를 세운 사람도 있을 것이고, 이번 해는 망했다며 벌써부터 내년을 기다리는 사람도 있을 것이다. 어떤 상황이든 다 좋다. 지속하고 있는 사람은 계속하고, 그만둔 사람은 다시 시작하면 된다. 진지하게 생각해보자.

"내가 인생에서 정말 원하는 것은 무엇인가?"

우리에게 주어진 시간은 공평하다. 하루는 누구에게나 스물네 시간이다. 돈이 많다고 마흔여덟 시간을 사는 것도 아니고, 근육이 적다고 열두 시간을 사는 것도 아니다. 햇빛이 남녀노소를 가리지 않고 서 있는 사람이나 앉아 있는 사람 누구에게나 공평하게 내려앉듯, 하루라는 시간은 모두에게 공짜로 주어진다.

그런데 왜 어떤 사람은 어제와 다른 오늘을 만들며 원하는 것을 얻고, 어떤 사람은 어제와 다름없는 오늘이거나 심지어 어제보다 못한 오늘을 살아가는 걸까. 결국 성공은 '시간을 가치 있는 무언가로 바꾸는 일'이다. 복근을 갖고 싶다면 시간을 들여 복근을 만들어야 한다. 부자가 되고 싶다면 부자가 되는 방법을 시간을 들여 실천해야 한다. 자신의 가치가 담긴 중요한 일 한 가지에 파고들어 핵심을 건드려야 하는 것이다. 이 핵심이야말로 진정한 원 씽이다.

## 빅 원 씽을 만드는 스몰 원 씽

당장 내 인생의 원 씽이 무엇인지 찾지 못했을 수도 있다. 원 씽은 찾았지만 어떻게 핵심에 파고들어야 할지 모를 수도 있다. 자신이 원하는 것을 이루기 위해 목록을 만든다고 해보자. 대부분 투 두 리스트, 즉 할 일 목록을 만들 것이다. 그러나 관점을 바꿔 이것을 석세스 리스트, 즉 성공 목록으로 고쳐 쓴다면 어떤 일이 생길까?

예를 들어 다이어트가 올해 원 씽이라고 생각해보자. 다이어트를 위해 해야 할 일을 생각할 것이다. 헬스장에 등록을 하고, 식단을 조절하고, 밤에 일찍 자고, 술을 끊어야 한다. 운동복과 운동화도 새로 사야 한다. 퇴근 후 삼십 분 정도 걷는 것도 좋겠다. 야식은 이제부터 금지다. 그리고 보니 샐러드를 중심으로 한 점심 도시락도 싸야 한다. 물을 많이 마실 테니 예쁜 물병도 하나 준비하자. 생각할수록 할 일 목록이 점점 늘어난다! 좋다. 이 목록을 보는 것만으로도 뿌듯해서 벌써 다이어트에 성공한 것 같다!

그런데 이것만 하면 정말 다이어트에 성공할까? 어딘가 불안해진다. 동기 부여를 위해 집 안을 정리하고 옷장에서 오래된 옷을 골라 버린다. 살이 빠지면 새 옷을 살 작정이다. 옷장을 정리한 김에 아예 한 사이즈 작은 옷을 미리 걸어두는 게 낫지 않을까? 잠깐만! 단백질 섭취가 중요하다고 했으니 닭가슴살도 사두어야 하겠지? 프로틴 음료를 먹는 게 좋을까? 커피는 끊기 어려운데 카페인이 없는 커피는 괜찮지 않을까?

여기까지 생각이 달려왔는데 갑자기 새로 사기로 한 운동화가 떠오른다. 인터넷 창을 열고 쇼핑에 몰두한다. 운동화를 검색하고 프로틴 음료를 검색하고 닭가슴살을 어디에서 더 싸게 살 수 있는지 사이트를 오가며 비교한다. 물에 넣어 마시면 좋을 과일 칩도 장바구니에 넣는다. 그런데 이게 어찌된 일인가. 정신을 차려보니 어느새 유튜브 알고리즘이 인도한 고양이 영상을 보고 있다! 그리고 결과는 당신이 아는 바와 같다.

'망했다, 망했어!'

그렇다면 이번엔 성공 목록을 만들어보자. 다이어트에 성공하려면 운동을 꾸준히 지속하는 데에 성공해야 한다. 운동을 하면서 식단 조절도 같이 해야 한다. 여기에 무엇을 더 해야 성공할 것인가? 옷장을 정리하면 다이어트에 성공할까? 운동화를 새로 사면 다이어트에 성공할까? 그것도 아니라면 닭가슴살을 대량 구매하면 다이어트에 성공할까?

할 일이 많아질수록 실패할 확률도 높아진다. 그 일을 다 하기도 전에 지쳐 어느새 슬그머니 포기하는 것이다. 성공 확률을 높이려면 할 일을 늘리는 게 아니라 줄여야 한다. 줄일 수 있는 것을 다 줄이고도 더 줄여서 최소한으로 만든 후 가장 중요한 것에 집중해야 한다.

원 씽을 정하는 이유는 그것을 성공시키고 싶어서다. 할 일 목록을 늘어놓지 말고 그것에 가까이 갈 수 있는 성공 목록을 정하라. 다이어트를 위해 식단을 조절한다면, 한 끼에 먹을 음식 양을 정하라. 그리고 그것을 무조건 지키는 것이다. 수십 가지 일을 하는 것보다 핵심적인 일 한 가지만 정확히 지키는 것이 훨씬 더 강력한 방법이다. 원 씽은 말 그대로 단순해야 한다. 지금보다 조금 더 단순해지는 것으로는 부족하다. 최대한 단순해져야 한다.

목표를 정했다면 시작은 무조건 성공할 수 있을 만큼 작게 하는 게 좋다. 스몰 원 씽, 즉 작은 성공을 경험하는 것이다. 작은 성공이라 말해도 1억 원을 버는 게 목표라는 등의 말을 하는 사람들이 있다. 그것은 작은 성공이 아니다. 작은 성공이라는 건 말 그대로 작은 성공이다.

작은 성공을 시시하게 보지 말자. 가우디가 설계한 스페인 바르셀로나의 사그라다 파밀리아 성당도 벽돌 하나하나로 이뤄졌고, 우리의 일생도 하루하루가 모여 만들어진다. 단박에 성공하길 바라는 건 로또에 당첨되길 바라는 마음과 같다. 그러나 로또에 당첨된 사람 중 다수가 불행한 삶을 살았다. 왜 그럴까? 큰 성공을 감당할 만한 마음을 준비하지 못했기 때문이다.

오늘 계단을 2층까지 걸어 올라간 사람은 내일 4층까지 걸어 올라갈 수 있다. 그리고 모레는 10층까지 걸어 올라갈 확률이 높다. 평소 10층 정도의 계단을 쉽게 걸어서 올라가는 사람이 되면 헬스장에 가지 않아도 운동 습관이 몸에 밴다. 오늘 쉽게 해낸 계단 오르기가 내일도, 모레도 계단 오르기를 계속하게 하는 계기가 되는 것이다. 그런데 오늘 100층까지 계단을 올랐다면 내일도 계속하고 싶을까? 일생에 한 번 경험해본 것으로 만족하고 "너 걸어서 100층까지 올라가 봤어?"라며 두고두고 이야깃거리로 삼을지는 모르지만 운동 습관을 들이는 데는 도움이 되지 않을 것이다.

'빅 원 씽'을 정했다면 목표를 향한 '스몰 원 씽'을 많이 성공시켜라. 조직적인 팀플레이가 필요한 야구팀을 생각해보자. 감독의 입장에서 보기에 팀에 가장 큰 공헌을 하는 선수는 누구일까? 삼진을 자주 당하지만 가끔 홈런을 치는 선수일까? 단타를 치지만 출루율이 높은 선수일까?

성공은 성공에서 나온다. 작은 성공을 자주 경험할수록 큰 성공을 이룰 수 있는 자신감이 생긴다. 성공할 수밖에 없는 작은 시도를 매일 하라. 스쿼트를 인생에 딱 한 번 백 번 하는 것보다 매일 열 번씩 하는 습관을 들이자.

# 원 씽을 추구하다가 하기 싫은 일을 만났을 때

그다지 좋아하지 않는 일을 하는 것은 누구든 내키지 않을 것이다. 어쩔 수 없이 해야 할 때를 제외하곤 어지간해선 손대지 않을 때가 많다. 예를 들어 상체 운동은 좋아하지만 하체 운동은 열정적으로 하지 않는 사람도 있다. 훨씬 더 힘들기 때문이다. 하체 운동을 하고 난 다음 날 계단 하나를 내려가기도 힘들 만큼 극심한 근육통에 시달리면 "내가 무슨 영화를 누리겠다고 이렇게까지 하나" 싶은 마음이 들기도 한다.

그런데 우리 삶은 좋아하는 일만 하면서 살 수는 없도록 만들어져 있다. 좋아하는 일을 선택해서 하더라도 그 안에는 피하고 싶고, 안 하고 싶고, 그만두고 싶은 일이 백만 개는 들어 있다. 헬스장을 운영하는 일도 그렇다. 내가 가장 좋아하는 일은 클라이언트가 원하는 운동법을 알려주며 멋진 몸을 만들어가는 과정을 함께하는 것이지만 그 일을 꾸준히 유지하려면 수많은 세금 신고와 직원 관리 등 원활한 운영을 위해 뒤에서 해야 할 일이 더 많다. 좋고 싫고의 문제가 아니라 중요한 목표를 이루기 위해 '그냥 해야 하는 일들'인 것이다.

그런데 싫다고 생각하던 일도 어떤 계기로 "어라? 생각보다 괜찮은데?"라고 바뀌기도 한다. 다이어트를 하던 중 닭가슴살은 죽어도 못 먹겠다는 회원에게 닭가슴살 소시지를 추천해준 적이 있었다. 이분은 그날 이후 닭가슴살 소시지를 재료 삼아 다이어트 핫도그부터 볶음밥까지 만들어 먹으며 다이어트에 성공했다. 이렇게 다이어트를 성공한 회원만 무려 수십 명이 넘는다.

죽어도 닭가슴살은 못 먹겠다던 사람이 닭가슴살 소시지로 다이어트에 성공하고 바디프로필까지 찍었다. 놀라운 일이지 않은가. 싫은 것을 한 번 넘어본 일이 어떤 사람에게는 이렇게 큰 변화를 불러오기도 하는 것이다.

내게도 비슷한 일이 있었다. 일본 여행을 처음 갔을 때 혼자 자전거를 타고 후쿠오카를 돌아보기로 마음먹었다. 평소엔 유산소 운동을 지루하게 느껴 싫어했지만 달리기와 자전거에 중독된 사람들을 보며 어떤 매력이 있는지 궁금하던 차였다. 백문이 불여일견! 직접 도전해보기로 결심했다. 낯선 일본에서의 첫 번째 자전거 여행이었다. 멋진 자전거를 구하고 싶었지만 여행객이 빌릴 수 있는 자전거는 선태의 여지가 크지 않았다. 할 수 없이 바구니가 달린 동네 마실용 자전거를 대여했다. 시작은 즐거웠다. 차로 볼 수 없는 풍경을 보고 현지 맛집을 찾으며 자유를 만끽했다.

'이래서 사람들이 자전거를 좋아하는구나!'

생전 처음 장거리 자전거의 재미를 느끼기 시작했는데 한국으로 돌아갈 시간이 가까워졌다. 마음이 조급해졌다. 지나치게 마음이 들떠 나도 모르게 너무 먼 거리를 자전거로 이동했던 것이다. 비행기를 놓칠까 봐 죽어라 페달을 밟았다. 아홉 시간 이상 자전거를 타다 보니 다리에 경련이 오고 감각이 사라졌다. 영혼마저 저 세상으로 날아가 버린 듯 제정신이 아니었다.

'내가 이놈의 자전거, 두 번 다시 타나 봐라.'

돌아오는 길에 앞으로 다시는 자전거를 타지 않겠다며 수없이 다짐했다. 자전거를 타고 여행을 시작했을 땐 크고 작은 언덕들을 가뿐히 넘으며 재미를 느꼈지만 돌아오는 길에 다시 만난 그 언덕들은 히말라야 산맥처럼 가파르고 힘들었다. 그래도 내가 할 수 있는 일은 오직 하나뿐이었다. 페달에서 발을 떼지 않고 오른발, 왼발을 번갈아 밟는 것. 다시 나타난 오르막길에서 가물거리는 의식을 겨우 부여잡은 채 죽어라고 자전거 페달을 밟는데 이상한 일이 일어났다. 나도 모르게 이런 말이 불쑥 입에서 튀어나온 것이다.

"참고 견디며 오르막길을 오르면 내리막길이 분명 나온다. 내리막은 짧고 오르막은 길다."

그 상황에서 무슨 뜻으로 중얼거린 말인지 나 자신도 몰랐다. 아니, 내가 한 말이었기에 더욱 화가 났다. 참고 견디며 오르막길을 오르면 내리막길이 나오는 걸 누가 모른단 말인가. 짧은 내리막길을 위해 길고 힘든 오르막길을 버티며 올라야 하다니 이게 제 정신이란 말인가. 비행기 시간은 점점 다가오는데 나는 탈진 직전이었다.

이대로 가다간 정말 죽을 것 같아서 자전거에서 내렸다. 그리고 살면서 처음으로 히치하이킹을 시도했다. 외딴 시골 도로에 땀으로 뒤범벅된 남자를 선뜻 태우기가 꺼려지는지 한 시간이 넘도록 열심히 엄지손가락을 치며 세웠지만 서는 차는 없었다. 자전거고 히치하이킹이고 뭐고 다 포기하고 택시를 탈까 망설이던 찰나, 조그만 트럭 한 대가 다가왔고 운전석에 있는 남자가 나를 뚫어지게 쳐다보며 지나갔다.

"헬프 미! 헬프 미!"

마지막 희망이라 여기며 목청껏 외쳤건만 야속하게도 트럭은 먼지만 풀풀 남기곤 그대로 달려가 버렸다. 참고 참았던 욕이 튀어나오려던 순간에 나를 스쳐 지나갔던 트럭이 다시 돌아오는 것이 보였다. 욕을 하려던 게 미안해졌다. 트럭 주인은 트럭에 내 자전거를 싣고 공항까지 가주었다. 덕분에 무사히 비행기를 탈 수 있었다. 말이 통하진 않았지만 고마운 마음이 넘쳐흘렀다. 하필 가지고 있던 엔화가 다 떨어진 바람에 5만 원짜리 한국 지폐와 연락처를 써서 주었다. 이후 그 친구 집에 여러 번 놀러갔고 번역기를 이용해 지금까지 연락하며 절친한 사이로 지내고 있다.

이때를 종종 떠올려보곤 한다. 오르막길에서 좌절한 나머지 자전거를 버리고 택시를 탔더라면 나는 어떤 사람이 되었을까? 힘들 때마다 중간에 포기하는 사람이 되지 않았을까? 자전거 여행의 매력도 모른 채 평생 살았을 것이고 무엇보다 평생지기가 될 친구를 만나지 못했을 것이다. 이후 나도 여행을 하다가 히치하이커를 만나면 기꺼이 차에 태우고 도와주었다. 곤경에 처한 누군가를 사심 없이 돕는 즐거움도 그 친구 덕분에 배운 것이다.

이날의 축복 같은 시간을 통해 나는 기다리고, 인내하고, 도움을 주는 법을 배웠다. 힘든 오르막길 끝에 신나는 내리막길을 만나는 것처럼 삶에는 좋은 일도 있고 어려운 일도 있다. 행복한 시간은 내리막길처럼 순간이고 인내해야 하는 시간은 오르막길처럼 길고 고통스럽다. 그러나 가끔은 힘들고 싫은 일을 해낼 때 어느 순간 아름다운 감동이 선물처럼 찾아오기도 한다.

삶에서 진한 감동을 맛본 사람은 훌쩍 성장한다. 자신이 할 수 없다고 생각한 것을 해냈을 때, 버틸 수 없다고 생각한 지점을 견뎌냈을 때, 넘을 수 없다고 생각한 장애물을 훌쩍 뛰어넘었을 때 홀연히 더 넓은 풍경을 마주한다. 그곳은 지금까지 머물던 세상과는 전혀 다른 세상이고, 그 새로운 세상을 경험한 사람은 결코 이전 세상으로 돌아갈 수 없다.

당신도 삶에서 당신을 감동시키는 무언가를 많이 만나길 바란다. 그러나 멀리서 찾을 필요는 없다. 당신이 서 있는 그곳, 당신이 살아 있다는 사실 그 자체가 이미 감동이기 때문이다. 인위적인 감동을 만들기 위해 억지로 싫은 일에 도전하라고 하지는 않겠다. 그러나 그 일이 중요한 것을 이루는 데 반드시 해야 하는 일이라면, 싫다고 피하기만 하지 말고 한번 부딪쳐보면 어떨까. 살아가면서 두고두고 기억할 만한 놀랍고 아름다운 일, 내 인생의 자전거 같은 일이 당신에게 일어날지도 모르니 말이다.

# 핏블리의 멘탈 강화 트레이닝

## 크런치

1   누운 상태에서 두 팔을 올려 머리를 감싼다.
2   턱을 당기고 상체를 배를 향해 들어 올리며 호흡을 뱉는다.
3   내려갈 땐 숨을 들이마시면서 당긴 턱을 유지한 채 천천히 내려간다.

 뱃살이 고민이라면? 뱃살은 뺄 수 없지만 뱃살 잡아주는 '크런치' 하는 법

 11자 복근운동 2가지 초보자버전 +상급자버전 [리버스크런치]

---

## 작은 것부터 시작하라

삶에서 가장 중요하게 생각하는 것이 있는가? 그것이 꿈이 아니라 현실이 되려면 어떤 과정이 필요한가? 그 과정에서 가장 쉬운 것 하나를 골라보자. 예를 들어 근육을 키우고 싶다면 그것을 성공시키기 위해 할 수 있는 가장 작은 일은 무엇인가? 스쿼트 한 개를 해보는 것부터 시작해도 좋을 것이다. 목표를 이루는 과정에서 예상되는 어려움은 무엇 인지 구체적으로 써보자. 그 어려움을 넘어서기 위해 어떤 행동이 필요한가? 그 행동을 작게 쪼갠다면 가장 쉽게 할 수 있는 것은 무엇인가?

# 등 뒤에 숨긴
# 콤플렉스를 직면하라

## Warming-up

등은 가슴과 배의 반대쪽이다. 등의 대표 근육으로는 광배근, 승모근, 척추기립근 등이 있다. 광배근은 우리 몸에서 가장 큰 근육 중의 하나로 매달리거나 무거운 물건을 들거나 팔을 당길 때 큰 역할을 한다. 승모근은 목에서부터 밑으로 길게 이어지는 형태인데 어깨를 움직이는 역할을 한다. 척추기립근은 코어 근육에 해당하는 근육으로 몸의 줄기라 해도 될 만큼 중요하다.

등은 우리의 뒷모습이다. 한 사람의 뒷모습은 때로 그 사람이 보여주는 앞모습보다 더 많은 이야기를 들려준다. 앞과 뒤가 일관되어 신뢰를 주는 사람도 있지만 앞과 뒤가 상반된 사람도 있어서 뒤늦게 놀라는 경우도 있다. 누구에게나 숨기고 싶은 모습이 있다. 절대로 드러내고 싶지 않은 내면의 콤플렉스도 그중 하나일 것이다. 콤플렉스는 우리의 성장을 위협하기도 하지만 위대한 잠재력이 숨어 있는 보물창고이기도 하다. 등 근육을 단련하며 콤플렉스라는 미지의 영역을 탐험해보자!

## 당신의 뒷모습이 당신에 대해 말하고 있는 것

운동을 처음 시작할 땐 팔, 가슴, 배처럼 보이는 곳에 집중한다. 그러다 어느 순간 등의 중요성을 깨닫는다. 남자들에게 '어깨 깡패'라는 말은 칭찬이다. 그만큼 넓은 어깨는 선망의 대상이다. 그러나 어깨를 넓힐 때 어깨 근육을 단련하는 것만으로는 한계가 있다. 등 근육이 없으면 어깨가 더 이상 넓어지지 않기 때문이다. 등이 반듯하게 잘 잡혀야 어깨 프레임도 잘 잡힌다.

또한 등 근육은 가슴 근육에도 영향을 미친다. 어떤 동작을 할 때 서로 반대되는 작용을 하는 한 쌍의 근육을 길항근 또는 대항근이라고 한다. 등 근육의 길항근은 가슴에 위치한 대흉근이다. 아무리 열심히 운동을 해도 등 근육이 뒷받침되지 않으면 어깨 근육도 가슴 근육도 커지지 않는다. 결과적으로 어깨 근육과 가슴 근육을 키우다 보면 전체적인 밸런스를 위해 등 근육의 중요성이 높아지는 것이다.

그러나 등 근육을 잘 만들기는 쉽지 않다. 일단 자신의 눈으로 보기 힘들기 때문에 자극점을 잡기 힘들다. 그러므로 혼자 무리하게 하는 것보다 헬스 트레이너의 도움을 받으며 잡아가는 게 좋다. 팔, 어깨, 가슴 근육은 미는 힘이 강한 근육이다. 반면 등 근육은 당길 때 더욱 활성화되는 근육이다. 등 근육이 탄탄하면 어깨가 말리거나 몸이 앞으로 쏠리지 않는다. 몸이 힘들 때 나를 지탱하고 당겨주는 숨은 조력자인 셈이다.

우리 몸의 근육은 하나의 거대한 네트워크를 이루고 있기에 필연적으로 균형이 중요하다. 균형이 이뤄지지 않으면 근육 간의 협력이 무너져 단련되지 못한 근육의 힘이 약화되는 것은 물론 그 근육과 이어져 있는 근육에 과도한 힘이 쏠린다. 예를 들어 라운드숄더가 되면 승모근이 뭉친다. 이께에 힘이 골고루 분산되지 않아서 과부하가 생기는 것이다. 어깨에 문제가 생기면 어깨로 끝나지 않는다. 신체 모든 곳에 영향을 미친다.

업무상 긴밀한 관계를 맺으며 일하고 있는 팀을 생각해보자. 한 팀에서 다섯 명이 일했는데 두 명이 퇴사했고 충원도 없다. 다섯 명이 하던 일을 세 명이 맡아서 버티다가 한 명이 퇴직했다. 여전히 충원은 없다. 남은 두 명은 과로에 시달리는데 충원은커녕 할 일이 더 늘어난다. 이 팀은 어떻게 될까? 팀 자체가 붕괴될 것이다. 몸도 마찬가지다. 이런 악순환이 반복되면 결과적으로 손상이 올 수밖에 없다. 운동은 몸이 약해진 후가 아니라 건강할 때 해야 한다.

근육을 키워야 하는 또 한 가지 이유가 있다. 근육이 부족하면 근육이 해야 하는 일을 관절이 떠맡게 된다. 관절이 상하면 신경을 누르고 신경이 눌리면 통증이 심해진다. 이때는 후회해도 늦다. 신경이 눌리는 지경에 이르는 순간 근육을 만들고 싶어도 만들지 못하는 상황이 되는 것이다. 이런 이유 때문에 관절이 상하기 전에 근육을 만들어야 한다.

특히 디스크가 있으면 고중량 운동을 할 수가 없다. 디스크가 심하면 근 성장을 이루는 데 두 배가 넘는 시간이 걸린다. 지금 할 수 있는 운동을 미루는 건 나중에라도 언제든지 할 수 있는 상황을 만드는 게 아니다. 일주일이면 할 수 있는 것이 이 주 혹은 한 달이 걸리기 때문이다. 결과도 만족스럽지 않을뿐더러 건강한 몸으로 쉽게 할 수 있는 일을 하지 못하게 된다면 그것은 잃은 시간만큼 기회비용을 날리는 일이다.

운동은 한가하게 오늘내일 하면서 미루고 미룰 일이 아니다. 미루면 미룰수록 손해기 때문이다. 등 근육을 강화하는 일도 마찬가지다. 등이 이미 굽은 다음엔 펴기 어렵다. 불가능한 일은 아니지만 척추에 문제가 없을 때 근육을 키우는 일과 비교하면 수십 배는 더 힘이 드는 일이다.

자존감을 키우고 멘탈을 강화하는 일도 이와 비슷하다. 수치심에 완전히 지배되거나 열등감 덩어리가 되어 자신의 삶을 망가뜨리기 전에 바로잡아야 한다. 특히 보이지 않는 곳에서 나를 지배하는 콤플렉스가 무엇인지 정확하게 꿰뚫고 있어야 한다. 콤플렉스는 내가 보이고 싶지 않거나 또는 보지 못하는 나의 뒷모습이다. 평생 알고 있는 경우도 있고 모르고 있는 경우도 있다. 그러나 콤플렉스가 없는 사람은 없고, 때론 뒷모습이 앞모습보다 한 사람을 정직하게 반영하듯 콤플렉스는 우리 내면의 또 다른 거울이다.

나 또한 콤플렉스에 시달린 적이 있었다. 나는 뚱뚱한 몸과 얼굴이 열등감의 근원이었다. 내 몸을 부끄럽게 느끼면서 자신을 부정적으로 생각했다. 사신에 대해 부정적이니 남들이 좋게 보일 리 없었다. 세상에 마음에 드는 일이 하나도 없었다. 그런데 운동을 시작하고 몸과 얼굴 콤플렉스를 극복하자 자존감이 높아지면서 긍정적으로 생각하는 일이 늘었다.

긍정적으로 생각하니 가장 먼저 달라진 것은 얼굴 표정이었다.

어둠의 자식이 따로 없을 만큼 침울한 인상을 하고 자주 찡그리고 다녔는데 어느새 웃는 얼굴이 되어 있었다. 웃는 얼굴로 밝게 인사하는 것만으로도 사람들은 내게 호감을 보였다.

내가 지금도 잘했다고 스스로를 칭찬하는 일 중 하나가 운동을 시작한 일이다. 콤플렉스였던 몸이 지금은 자신감을 갖게 된 근원이 되고 있으니 신기한 일이다. 콤플렉스를 어둡고 부정적인 것이라고만 생각하면 평생 숨기며 살아갈 수밖에 없다. 삶으로 힘차게 뻗어 나가야 할 에너지가 콤플렉스를 감추는 데 쓰이기 때문이다.

콤플렉스는 우리의 성장을 자극하지만 그와 동시에 가장 취약한 부분을 건드리는 일이기 때문에 제대로 마주보기가 어렵고 힘들다. 그러나 분명한 것은 노력을 기울일 만한 충분한 가치가 있다는 사실이다. 콤플렉스는 한낱 열등감으로 치부되어야 할 것이 아니라 적극적으로 발견되어야 하는 모험의 영역이다.

## 근 손실보다 무서운 평판 손실

콤플렉스에 사로잡히면 숨기고 싶었던 열등감이 커진다. 부정적 사고에 빠지고 감정 조절이 어려워지면서 자존감이 낮아진다. 무엇보다 자신의 삶을 살아가는 데 집중하지 않고 타인의 삶에 끼어들어 이러쿵저러쿵 험담을 늘어놓는다. 뒤에서 하는 험담이라 아무도 모를 것 같지만 험담은 숨길 수 없는 냄새와 같다. 결국 나에게 돌아와 내 평판을 떨어뜨린다.

타인을 험담하는 자리엔 가지도 말고 끼지도 말자. 누군가 험담을 시작하면 화제를 슬쩍 돌리거나 화제를 돌리기 어렵다면 자리를 뜨라. 누군가를 험담하는 자리에 함께 있다는 건 나 또한 동조한다는 의미다. 게다가 다음번엔 그 험담의 주인공이 당신이 될 수도 있다.

뒤에서 남 탓하는 사람들을 말릴 필요는 없다. 그러나 험담이 제법 그럴싸하게 들리고 객관적인 논평처럼 여겨질지라도 험담은 험담이다. 쓰레기를 버리면서 이걸 내가 왜 버려야 하는지 구구절절 설명하는 사람은 없을 것이다. 험담을 조언 혹은 피드백으로 착각하는 건 쓰레기를 선물이라고 주는 것과 같다. 쓰레기는 쓰레기고 험담은 험담이다.

객관적인 피드백과 험담을 구분하는 방법은 간단하다. 정당한 피드백은 성찰을 불러일으킨다. 그러나 험담은 기분을 상하게 한다. 성인이 되어서 피드백과 험담을 구분하지 못한다면 그 또한 자신의 문제다. 어린아이처럼 칭찬만 받고 싶어 하는 마음은 끼니 대신 사탕을 먹고 싶어 하는 마음과 같다. 물론 때로는 당 충전이 필요하다. 나

른한 오후에 사탕 한 알이 기운을 북돋아주듯, 낙담해 있을 때 칭찬은 지친 마음에 활기를 불어넣어 준다. 그러나 당연하게도 사탕만 먹고 살 수는 없다.

칭찬은 고래도 춤추게 한다는 말이 있다. 비유적인 표현이지만 이 말을 곰곰이 생각하면 소름이 돋을 때가 있다. 칭찬에는 보이지 않는 마음을 조종하고, 타인을 내 뜻대로 움직이는 힘이 있다는 의미이기 때문이다. 칭찬은 분명 삶의 원동력이 되지만 적절한 칭찬과 무조건적인 아부는 구분할 줄 알아야 한다. 당연히 적절한 칭찬은 삶의 윤활유다.

타인의 칭찬을 감사히 받을 줄 아는 사람은 객관적인 피드백도 들을 줄 안다. 일에 대한 피드백과 자신을 구분할 수 있기 때문이다. 피드백은 일에 대한 의견이지 나 자신의 어떤 결함을 말하는 것이 아니다. 그런데 "이건 왜 이렇게 했어?"라는 말을 들으면 "나는 바보구나"라고 생각한다. 앞에서도 이야기한 수치심이 건드려지면서 정상적인 사고 회로가 멈추고 오작동하기 시작한다. 오직 자신을 방어하는 데에만 온 신경이 집중되는 것이다.

타인의 험담을 하는 게 썩 유쾌한 일이 아니라는 것을 알면서도 멈추지 못하는 이유는 무엇일까? 누군가를 깎아내릴 때 우리의 자아는 우쭐해진다. 자신이 더 우위에 있는 듯한 기분을 느끼는 것이다.

아무리 그럴싸한 말로 포장해도 속내를 한 꺼풀 벗겨보면 그 안에는 시기와 질투의 마음이 부글부글 끓고 있다.

인터넷상에 떠도는 온갖 악성댓글을 조금만 읽어봐도 알 수 있다. 이 글을 쓴 사람이 현재 어떤 마음 상태로 살고 있는지를. 평온하고 관대하고 자기 삶을 충실하게 살아가는 사람이 악의적 비방으로 가득 찬 댓글을 달 것이라고 생각하는가? 사람들은 보통 수준만 되더라도 악성댓글을 달지 않는다. 그 정도로 신경을 쓸 만큼 타인에게 관심이 없기 때문이다. 사람에게 무관심하다는 의미가 아니라 자신의 삶을 사는 데 더 충실하기에 굳이 자신의 시간과 에너지를 들여 남에게 나쁜 말을 할 의도 자체가 생기지 않는 것이다.

시간이 날 때마다 험담을 늘어놓는 사람은 자신의 콤플렉스를 만천하에 공개하는 것이다. 자신이 어떤 부분에서 열등감을 느끼는지, 누구에게 시기심을 갖고 있는지 낱낱이 드러내는 것이다. 당신이 만약 누군가를 험담하고 싶다면, 그때는 당신의 건강한 마음이 아니라 콤플렉스가 작동하고 있는 순간이라는 것을 알아야 한다. 그 사실을 알아차리는 것만으로도 험담하려는 마음을 제어할 수 있다.

# 등을 세우는 일은 삶을 세우는 일이다

몸의 한 부분에 문제가 생기면 그 문제가 다른 쪽으로 쉽게 전이되듯 콤플렉스에 사로잡히면 부정적인 사고가 강해진다. 부정적인 생각은 전염성이 강하다. 한두 번씩 나를 갉아먹는다는 생각이 들기 시작할 때 정신 차려야 한다. 매사 불평불만이 많은 사람은 자신뿐만 아니라 주변을 피폐하게 만든다.

비가 오면 비가 와서 싫고, 눈이 오면 눈이 와서 싫다. 봄은 꽃가루가 날려서 싫고, 여름은 더워서 싫다. 가을은 햇볕이 따가워서 싫고, 겨울은 추워서 싫다. 아침마다 힘들게 출근하는 게 싫고, 주변엔 죄다 마음에 안 드는 인간뿐이다. 오늘 먹은 점심은 간이 안 맞고, 퇴근길 대중교통은 생각만 해도 짜증난다.

혹시 지금 이 대목이 자신의 삶을 그대로 보여주고 있다는 생각이 드는가? 그렇다면 고장 난 라디오를 되풀이해서 듣고 있는 것과 같다. 내 안에서 매번 같은 말이 나오고 있다면 당장 꺼라. 부정적 생각을 계속하면서 살고 있는 것은 독이 든 음식을 매일 먹는 것과 같다.

우리의 삶은 어제도, 오늘도 별반 다르지 않고 비슷한 상황이 되풀이되는 것일 수도 있다. 그러나 같은 상황도 어떻게 생각하느냐에 따라 다르게 보인다. 비가 오면 비가 와서 좋고, 눈이 오면 눈이 와서 좋다. 봄에는 꽃이 펴서 좋고, 여름엔 휴가가 있으니 좋다. 가을은 하늘이 맑아서 좋고, 겨울엔 새해가 오니 좋다. 아침엔 일하러 갈 곳이 있으니 좋고, 주변엔 모두 고마운 사람들이다. 오늘 먹은 점심은 맛있었고, 퇴근하고 집에 가면 쉴 수 있으니 좋다.

콤플렉스가 내 삶을 지배하면 삶은 마이너스가 되기 십상이다. 통장에 돈이 없는 것을 걱정할 게 아니다. 적은 통장 잔고보다 내 삶 자체가 마이너스가 되는 일을 훨씬 더 경계해야 한다. 그렇기에 자신의 콤플렉스를 직면하고 바꿔내는 일은 오롯이 자신의 몫이어야 한다.

나는 학창 시절에 공부도 못했고 외모에도 자신이 없었다. 학교에서는 잘나가는 친구들과 스스로를 비교하면서도 그들과 어울리고 싶어 했고, 집에서는 공부 잘하는 또래 친척들하고 비교당하며 매일 자존심이 깎였다. 그러나 내가 누구의 간섭도 없이 내 삶을 살아가기로 결정한 후부터 달라졌다. 운동을 하고 공부를 하고 여행을 하고 독서를 하고 친구들을 사귀고 감정을 돌보는 동안 오늘의 나는 어제의 나보다 나은 사람이 되어갔다. 물론 나도 모르는 콤플렉스가 무의식 어딘가에는 여전히 있을 테고, 나보다 몸이 좋은 사람들도 세상엔 많지만 이젠 내 몸을 더 이상 부끄럽게 여기지 않는다. 타인과 비교하는 일을 그만두고 과거의 나보다 현재의 나를 더 중요하게 여기기 때문이다.

그렇다면 콤플렉스를 이겨내면 불행 끝, 행복 시작일까? 나는 스스로를 괴롭히던 콤플렉스를 극복하고 더 나은 삶을 살기 시작했을 때 뜻밖의 일을 겪었다. 나를 시기하고 질투하는 사람들이 생긴 것이다. 세상에! 내가 연예인도 아닌데 시기와 질투의 대상이 되다니! 신기하기도 했지만 손해 보는 일도 많았다. 헬스장 운영을 두고 일부러 악의적인 민원을 넣는 사람들도 있었고 주변 상권을 유지하고자 회원 가입을 한 후 정보만 캐고 사라진 사람도 있었다.

심지어 아무도 없는 헬스장에서 먹방을 한다고 누군가 모든 지점을 신고하는 바람에 경찰이 온 적도 있었다. 담당 공무원은 쉰 차례가 넘는 악성 민원을 받은 후 이제는 민원 신고가 들어오면 한꺼번에 정리해서 알려주는 정도가 됐다. 유튜브처럼 만인에 공개되는 플랫폼을 이용하고부터는 이상한 댓글도 많이 받았다.

성실하게 살아왔다고 생각했고, 유튜브를 시작하면서부터는 나를 알지도 못하는 사람들이 악의를 품을 수 있다는 사실을 예상은 했지만 실제로 경험해보니 조금은 충격이었다. 사람들은 가만히 있는 개구리에게 장난삼아 돌을 던진다. 멀쩡한 개미집에 물을 붓기도 하고 튀어나온 나무뿌리를 걷어차기도 한다.

그러는 이유는 있을 수도 있고 없을 수도 있다. 사람의 마음에도 이와 비슷한 게 있는 것 같다. 솟아나온 것은 누르고 싶고, 들어간 게 있으면 잡아 뽑고 싶은 마음. 과녁이 세워지면 그 과녁이 무엇이든 상관없이 그냥 화살을 쏘고 싶어 한다. 특히 콤플렉스에 강하게 지배당하며 살아가는 사람들은 타인을 향해 악의적인 화살을 쏘는 데 거리낌이 없는 경우가 많다. 자신의 열등감과 불행을 감당하지 못해 그것을 타인에게 던지는 것이다. 안타깝게도 이런 사람들은 어디에나 있다. 이런 일로 일일이 스트레스를 받으면 결국 손해를 입는 건 나 자신이다.

나를 일방적으로 싫어하며 괴롭히는 사람에겐 의연하게 대처해야 하지만 내가 모든 사람들에게 인정받고 사랑받고 칭찬받아야 한다는 생각도 고려해야 한다. 나도 좋아하는 사람과 싫어하는 사람이 있는데 나를 좋아하는 사람이 있으면 싫어하는 사람이 있는 것도 당연한 일 아닌가. '좋아요'라는 댓글이 1천 개 달리면 '싫어요'라는 댓글도 열 개는 달린다. 나를 응원하는 1천 명이 있는데 나쁜 말을 하는 열 명에만 신경 쓰면 정말 좋은 사람들을 1천 명이나 놓치게 된다. 1천 명을 버리고 열 명에 끌려다니는 일이 생기는 것이다.

칭찬 혹은 비난은 내가 한 일에 대한 반응이기도 하지만 나와 상관없이 상대의 마음에 달려 있는 것이기도 하다. 그것에 너무 신경 쓰느라 정작 중요한 내 삶을 잃고 있진 않는가? 그러므로 칭찬에 감사하고 비난에 의연해지자. 등을 바로 세우고 내가 갈 길을 가자. 누가 뭐래도 내 인생을 살아가는 것이야말로 내가 할 수 있는 최고의 선택이다.

# 핏블리의 멘탈 강화 트레이닝

## 데드리프트

1   똑바로 선 상태에서 광배근에 힘을 주고 양손을 어깨너비로 벌려 바벨을 들어올린다.
2   상체를 천천히 숙이며 바벨을 무릎에 붙인다는 느낌으로 내려간다.
3   광배근의 긴장을 유지하며 올라온다.

 승모근+허리 아픈사람 필수시
청! 데드리프트 이렇게 하세요!

 트레이너가 여자회원에게 가장 추
천하는 운동! 중량 데드리프트 (횟수/
셋트/자세)

------------------------------------------------

## 콤플렉스 마주하기

현재 자신이 콤플렉스로 여기고 있는 점은 무엇인가? 콤플렉스 때문에 삶에서 곤란을
겪은 일이 있는가? 콤플렉스가 구체적으로 당신의 삶을 어떻게 방해하고 있는가? 콤플
렉스에서 벗어나기 위한 방법으로는 무엇이 있을까? 그 방법은 내게 가능한 방법인가?
콤플렉스를 극복한 경험이 있다면 언제, 어떤 상황에서였는가? 이후 변한 점은 무엇인
가? 당신을 변화시킨 힘은 무엇인가?

# PART4

상체 근육을 강화했다면 이번엔 하체 근육을 강화하는 시간을 가져보자.
하체 근육 강화 편은 다리와 엉덩이에 대한 이야기다.
엉덩이와 다리를 나누는 것이 정확하지 않을 수도 있지만 이 글에서는 두 부분으로
나누었다.

하체는 몸에서 허리 아랫부분을 말한다.
걷고 달리고 뛰고 멈추는 등 이동과 관련한 거의 모든 움직임을 담당한다.
다리는 자신이 원하는 곳으로 가기 위해선 움직여야 한다는 사실을 알려준다.
몸을 지탱하는 역할도 하지만 움직일 때 최고의 기능을 드러낸다.
목표에 부합하는 행동이야말로 성공을 이루는 최고의 방법이다.
엉덩이는 코어 근육뿐만 아니라 하체 근육을 키우는 데도 중요하다.
소중한 삶에서 원하는 것을 이루려면 끝까지 버티는 힘이 필요하다.
엉덩이 근육을 키우는 일은 버티는 힘을 기르는 일이다.

하체 근육을 강화하는 운동을 시작하자.
미친 실행력으로 움직이며 끈기 있게 변화를 만들자.

# 행동 습관 시스템을 만들어라

## Warming-up

다리는 몸통 아래에 붙어 우리 몸을 받치며, 서거나 걷거나 뛰는 일을 맡는다. 대표적인 근육으로 대퇴근(허벅지)과 비복근(종아리)이 있다. 허벅지는 '생존 근육'이라 불릴 만큼 건강의 기초가 되는 근육이다. 나이기 들수록 무릎과 무릎을 연결해주는 인대가 약해지는 경우가 많은데 대퇴근을 단련해두면 인대 역할을 대신해 무릎의 부담을 덜 수 있다. 그러므로 무릎이 안 좋을수록 하체 근육을 단련하는 것이 좋다.

인간은 직립보행으로 손의 자유를 얻었을 뿐 아니라 시야가 넓어져 더 멀리 보게 되었다. 아기들의 성장 과정을 보면 네 발로 기다가 두 발로 서고 한 발씩 걷기 시작한다. 자유자재로 뛰고 달리는 순간을 맞을 때 기본적인 몸의 발달이 완성되는 것이다. 인간은 움직이는 존재다. 우리는 자신의 두 다리를 이용해 가고 싶은 곳으로 갈 수 있다. 이상을 현실로 만들고 싶은가? 다리 운동을 하면서 삶을 변화시키는 움직임을 만들어내고 미친 실행력을 키우자.

## 움직임의 힘

운동에 조금이라도 관심이 있거나 운동을 해본 사람이라면 알 것이다. 하체 운동이 상체 운동보다 더 힘들다는 것을. 누군가 만났을 때 우리의 시선은 자연스레 상체로 향한다. 가슴이나 어깨가 반듯하게 잡혀 있으면 몸이 좋다고 생각한다. 앉아 있는 상태에선 하체를 아예 볼 일이 없고, 일부러 하체를 보는 것은 무례한 일이기도 하다.

그래서인지 대부분 상체 운동은 열정적으로 해도 하체 운동은 하는 둥 마는 둥 한다. 그러나 몸의 밸런스를 생각하고 나이가 들어서도 건강한 생활을 하고 싶다면 하체 근육을 강화해야 한다. 특히 책상 앞 의자에 앉아 있는 시간이 길면 길수록 몸에는 치명적이다. 척추에도 좋지 않고 하체의 근육 손실도 커진다. 특히 하체 운동은 여러 성장호르몬 분비를 촉진시키기 때문에 노화 방지와 우울증 치료, 심지어 상체 근육 발달에도 도움을 줄 수 있다.

움직임은 뇌에 영향을 미치지만, 사실 움직임은 삶 자체다. 우리는 살아가는 동안 앞을 가로막는 방해물을 '뛰어넘고', 힘든 시련을 '통과하고', 근심을 '밀어내고', 성공을 향해 '질주하고', 위기를 '돌파하고', 게으름에 '빠지고', 기회에 '뛰어든다.' 거짓과 위선을 '깨부수고', 도움의 손길을 '붙잡고', 희망을 '찾아 나서고', 책임을 '짊어지고', 무기력에서 '빠져나오고', 용기 있게 '일어서고', 노력을 '쏟아붓고', 사랑과 우정을 '나눈다.' 이렇듯 삶의 과정을 이야기할 때 '움직임'을 말하지 않고는 표현하기 힘들다.

이런 말들은 비유인 동시에 사실이다. 우리가 몸을 가진 존재이기 때문이다. 움직임은 단지 운동을 가리키는 좁은 의미가 아니다. 넓은 의미에서 생존이고 일상이며, 더 높은 가치를 추구하는 마음과 정신의 일부이다. 심오한 철학적 성찰을 덧붙이지 않아도 '살아 있다는 것'은 '움직인다는 것'이다. 시체가 움직이는 경우는 좀비가 되었을 때뿐이다.

움직임이 생존의 조건이기에 사람의 몸은 더 기능적으로 움직일 수 있도록 변화해왔다. 네 발에서 두 발로 움직이게 되면서 에너지를 덜 소비하는 반면 식량을 옮기고 저장하기에는 더 유리했을 것이다. 그렇다면 직립보행으로 생긴 변화 중에서도 가장 큰 변화는 무엇이었을까?

아마도 두 손의 자유와 더불어 '시선의 변화'였을 것이다. 네 발로 기어 다닐 때는 앞쪽이나 위쪽, 뒤쪽을 오래 바라보기 힘들었기에 시선이 자연스레 아래로 향했다. 그러나 두 발로 선 인류는 척추가 곧게 펴지고 몸통의 회전 범위가 커지면서 위, 아래, 앞은 물론 뒤까지 시야를 확보하게 되었다. 광활하게 펼쳐진 세상 속의 존재로서 자신을 인식하게 된 것이다.

많은 부모들이 자신의 아이가 처음 일어나 섰을 때 느꼈던 감동을 기억한다. 하루에도 몇 번씩, 수십 번 이상 주저앉으면서도 포기하지 않고 두 다리에 힘껏 힘을 주며 우뚝 선 모습은 개선장군에 비할 바가 아닐 것이다. 일어나 섰다는 것은 기어 다니는 '아기'가 아니라 걸어 다니는 '아이'로 성장한다는 의미고, 누워서 지내던 '갓난아기' 시절로 돌아갈 수 없다는 뜻이기도 하다. 자신의 두 다리로 탐험할 세상이 저 멀리까지 펼쳐져 있음을 알게 된 것이다.

삶을 주체적으로 살아갈 때도 이와 같은 변화가 일어난다. 더 이상 이렇게 살 수 없다는 결의, 더 큰 세상에 대한 희망, 앞으로 나아갈 수 있다는 용기를 품고 두 다리를 현실에 단단히 딛는 일은 인간의 직립보행과 맞먹을 만큼 혁명적인 일이다. 그리고 그 혁명적인 삶의 변화에 중추적이고 상징적인 역할을 하는 것이 바로, 우리의 다리다.

몸 전체가 움직임과 관련이 있지만 특히 다리는 '이동'과 연관이 많다. 서 있고, 멈추고, 버티고, 지탱하는 것도 다리가 하는 역할이지만 다리의 핵심은 한 곳에서 다른 곳으로 몸을 이동시키는 것이다. 그런 의미에서 떨어진 다른 장소를 이어주거나 중간에 거치는 과정을 다리(bridge)라고 하는 것도 재미있다.

변화는 이동이다. 소극적인 행위에서 적극적인 행위로, 주어진 상황에서 만들어낸 상황으로, 원하지 않는 삶에서 원하는 삶으로 이동하는 것이다. 이동은 행동에서 나온다. 어떤 행동을 하느냐에 따라 이동의 기회를 잡기도 하고 놓치기도 한다. 그러나 행동을 하지 않으면 어떤 기회도 오지 않는다. 다리 근육을 강화하며 행동력을 높이자. 좋은 행동들이 삶의 시스템으로 작동하도록 그 행동들을 일상의 습관으로 만들자.

## 좋은 행동 습관은 삶을 지키는 시스템이다

좋은 사람 옆에 좋은 사람이 있는 것처럼 좋은 행동은 좋은 행동을 부른다. 운동을 예로 들어보자. 운동은 자신을 위해 할 수 있는 좋은 행동이다. 운동을 하면 몸이 달라지는 것이 눈에 보인다. 몸의 변화를 눈으로 직접 확인하는 일은 마음에도 큰 영향을 미친다.

가장 먼저 활기가 넘치고 기분이 좋아져 생활 패턴이 바뀐다. 운동을 한 날과 하지 않은 날의 일과가 달라진다. 또한 몸을 움직이게 되므로 허기가 져서 때에 맞춰 식사를 챙겨 먹게 된다. 하루가 끝날 무렵 자신을 위해 좋은 일을 했다는 성취감도 맛본다. 불규칙한 생활이 줄어들고 영양이 고른 음식을 먹으며 구부정하게 몸을 굽힌 채 오래 앉아 있던 자세도 바꾼다. 자신을 위해 점점 더 좋은 선택들을 늘려가는 것이다. "운동을 했을 뿐인데 삶이 변했어요!"라는 증언(?)들이 여기저기에서 들리는 이유다.

이 말은 그냥 나오는 말이 아니다. 운동을 꾸준히 하는 동안 소심하거나 자신감 없던 사람이 대범해지고 당당해지는 변화를 수도 없이 목격했다. 이런 분들의 공통점은 자신의 삶에 운동을 습관으로 정착시켰다는 점이다. 헬스장에 나오는 날에만 운동을 하고 헬스장에 나오지 않는 날엔 운동을 하지 않는 게 아니라 밥을 먹듯, 잠을 자듯, 일을 하듯 날마다 당연히 해야 할 일로 여긴다. 아마 그들도 처음부터 운동 습관을 들이진 않았을 것이다. 습관이 될 때까지 매일 꾸준히 거듭했을 것이다.

이루고 싶은 일이 있다면 성공에 도움이 되는 행동을 습관으로 만들어야 한다. 좋은 행동 습관은 삶을 지켜주는 시스템이다. 나는 버스, 지하철, 택시 등 대중교통을 이용할 때마다 우리나라의 교통 시스템에 놀라곤 한다. 다른 나라 어디를 가도 우리나라만큼 대중교통이 잘되어 있는 곳이 없다. 교통 시스템이 잘 갖춰진 덕분에 차를 직접 운전하지 않아도 목적지까지 편리하고 안전하게 갈 수 있다.

성공에 이르는 길도 마찬가지다. 좋은 행동 습관이 시스템으로 자리 잡아 제대로 작동하면 불필요한 과정을 거치지 않아도 되기에 효율이 엄청나게 높아진다. 예를 들어 운동 습관이 확실하게 배어 있을 때는 눈이 오든 비가 오든 휴일이든 평일이든 고민 없이 그냥 한다. 운동복이 없으면 평상복을 입은 채 하고 운동화가 없으면 슬리퍼를 신고서라도 가볍게 스쿼트를 할 것이다.

반면 나쁜 행동 습관은 시스템이 엉망인 것과 비슷하다. 평소에 운동하는 습관이 없다면 피곤함 때문에 망설이고, 늦잠을 자서 망설이고, 배가 고파서 망설이고, 배가 불러서 망설이고, 시간이 있어도 그냥 하기 싫어서 망설일 것이다. 어쩌다 운동하고 싶은 마음이 생겨도 운동화를 신기까지 몇 시간을 고민하느라 에너지를 쏟거나 운동 후 며칠 동안 근육통에 시달릴 게 분명하다.

행동 습관을 시스템으로 확고히 정착시키려면 반복이 최고다.

습관은 반복에서 나온다. 간헐적으로 어쩌다 한 번씩 하는 행동은 습관으로 정착되지 않는다. 꾸준한 반복으로 습관이 만들어지면, 어지간해서는 잘 바뀌지 않는다. 나쁜 습관도, 좋은 습관도 마찬가지다. 세 살 버릇 여든까지 간다는 우리 속담은 습관의 특성인 강한 생명력과 끈질긴 지배력을 잘 보여주는 말이다.

원하는 행동을 습관으로 만들 때 보통 세 가지 단계를 거친다. 첫 번째 단계는 반복하고 싶은 행동을 명확하게 정하는 것이다. 예를 들어 하체 운동을 한다면 런지를 할 것인지 스쿼트를 할 것인지 레그 익스텐션을 할 것인지, 한 가지만 할 것인지 두세 가지를 섞어 할 것인지 종목을 결정하는 단계다. 이것은 '무엇을' 할 것인지에 해당한다.

두 번째 단계는 '어떻게' 할지에 대한 것이다. 일주일에 몇 번을 할지, 요일과 시간은 언제로 할지, 한 번 할 때마다 15회 4세트를 할지 20회 3세트를 할지 구체적인 방법과 스케줄을 결정하는 단계다.

마지막 세 번째 단계는 자신의 '정체성'을 규정하는 단계다. 자신을 '운동하는 사람'이라고 생각하는 사람은 운동을 한다. 자신을 운동을 싫어하는 사람이라고 생각하면 운동을 멀리하며, 운동을 좋아하는 사람은 어디에 있든 운동할 수 있는 방법을 찾는다.

가장 확실하고 강력하면서도 효과적인 방법은 정체성을 변화시키는 것이다. 자신이 어떤 사람인지 스스로 생각하고 느끼느냐에 따라 행동은 달라진다. 또는 어떤 행동을 하느냐에 따라 우리의 정체성이 달라지기도 한다. 한 달 내내 운동 한 번 안 하면서 운동을 좋아한다고 말할 사람은 없을 것이다. 당신은 스스로 성공한 사람이라 생각하는가? 원하는 것을 이루기 위해 노력하는 사람이라 생각하는가? 꿈을 향해 걸어가는 사람이라 생각하는가?

정체성을 변화시킨다는 말을 오해하지 않기를 바란다. 거듭 말하지만 당신은 당신 자신 외에 다른 사람이 될 필요가 없다. 당신은 당신 자신의 삶을 살아야 한다. 당신의 현재 모습뿐만 아니라 앞으로 되고 싶어 하는 모습 또한 당신이라는 존재를 이루고 있는 정체성의 일부다. 우리는 우리 자신이 아닌 모습은 원하지 않기 때문이다. 가수가 되고 싶은 사람이 야구장에 가서 홈런을 치겠다는 소망을 이루기 위해 진지하게 노력하겠는가?

원하는 것이 있다면 좋은 행동을 습관으로 만들어라. 행동 습관을 시스템으로 구축하라. 그리고 자신이 누구인지 정체성을 확고히 하라. 성공은 그것을 믿는 사람만이 이뤄낸다.

# 앞으로 나아가려면 한 걸음 내딛어야 한다

하체 근육을 단련시키면 상체 근육이 강화된다. 상체 근육을 어느 정도 키웠는데 한계가 왔다면 그때부턴 하체 근육을 함께 강화해야 한다. 우리 몸은 균형을 맞추려는 성향이 있어서 상체 근육만 과도하게 키우면 하체가 버티지 못하기 때문에 상체 근육도 더 이상 커지지 않는다. 하체 근육을 키울 때 대부분 기본적으로 하는 운동이 스쿼트인데, 나는 스쿼트보다 런지를 주로 권하는 편이다. 스쿼트는 두 다리를 동시에 쓰므로 몸이 틀어져 있는 경우 자극점을 정확하게 잡기 어렵다. 허리나 어깨가 말려 있어도 한쪽 다리에만 힘이 가해질 수 있다. 그에 비해 런지는 양쪽 다리를 번갈아 쓰기 때문에 자극점을 잡기도 쉽고 몸의 균형도 잘 맞춰진다.

코어 근육이나 상체 근육을 단련하는 것도 물론 좋지만 운동을 처음 시작하는 사람이라면 하체 근육부터 단련하자. 하체 근육 운동을 하면 근 성장을 돕는 호르몬이 가장 많이 분비될 뿐만 아니라 칼로리 연소 대사도 높아진다.

하체 근육이 튼튼해야 고중량 운동이 가능하다. 가슴 근육을 키우기 위해 벤치프레스를 할 때도 다리가 땅에 확실하게 닿아 있어야 하고, 등 근육을 키우기 위해 데드리프트를 할 때도 하체 근육이 강해야 부상 없이 해낼 수 있다. 모든 운동의 기본이 하체 근육에서 비롯되는 것이다.

당연히 나도 하체 근육 강화에 시간과 정성을 많이 들인다. 하루라도 게을리하면 금방 티가 나는 데다 한동안 하지 않고 새로 시작하면 근육통이 장난이 아니다. 오랜만에 운동을 해서 끔찍한 근육통에 시달리느니 차라리 매일 하는 게 낫다. 그날도 평소처럼 하체 강화 운동을 열심히 하고 있었는데 내 다리를 물끄러미 바라보다가 갑자기 궁금해졌다.

"사람에겐 왜 다리가 두 개일까?"

사람 다리가 두 개인 이유는 환경에 적응하는 동안 나타난 최적의 결과일 것이다. 어려운 생물학과 진화론의 이론을 잘 모르니 끙끙대며 생각을 해도 내가 그 원인을 찾을 수는 없었다. 공연한 호기심이라고 여기며 피식 웃고 말았다. 이후 한동안 이 문제를 잊어버리고 있었는데, 몇 달 후 집으로 걸어가는 길에 문득 한 가지 사실을 깨닫게 되었다. 아주 단순한 깨달음이었다. 한 곳에서 다른 곳으로 가기 위해선 반드시 다리 두 개가 필요하다는 사실이었다.

'걷기'라는 이동의 기본을 생각해보자. 한 발을 내딛고 다른 발을 내딛는다. 또 한 발을 내딛고 다른 발을 내딛는다. 이것을 반복하는 것이 걷기다. 걷는 행위를 지속하기 위해 우리 뇌와 몸은 엄청나게 복잡하고 기능적인 상호작용을 하겠지만 겉으로 보이는 행동은 단순하다. 오른발과 왼발을 한 번에 한 걸음씩 번갈아 움직이는 것이다.

만약 다리 하나만 이용해서 걸어야 한다면 금방 피로가 쌓일 것이다. 체중이 한쪽으로 실리면서 허리에도 문제가 생기고 무엇보다 균형을 잡기도 힘들다. 그러나 설령 한 발만 있다 하더라도 앞으로 나아가려면 한 발을 내밀어야 한다. 걷든 달리든, 속도를 늦추든 올리든, 열 걸음을 걷든 백 걸음을 걷든 최초의 한 걸음이 없다면 두 번째 걸음도 없는 것이다.

다리를 한 발 앞으로 내미는 행동은 작게는 한 인간이 이동하는 데 가장 중요한 일이자 크게는 인류의 역사를 바꾼 일이기도 하다. 아주 오래전, 아프리카에서 살던 인류의 조상이 유럽으로, 아시아로, 지구의 모든 대륙으로 이동할 수 있었던 이유도 처음에 누군가 미지의 장소로 한 걸음 내디뎠기 때문이다.

1969년 7월 미국 케네디 우주센터에서 발사된 우주선 아폴로 11호가 달에 착륙한 후 인류 역사상 처음으로 한 사람이 달에 발을 디뎠다. '역사상 가장 의미 있는 한 걸음'의 주인공이 된 사람은 미국의 우주 비행사 닐 암스트롱이었다. 암스트롱은 지구인이자 우주인으로서 달에 첫발을 내디딘 후 유명한 말을 남겼다.

"한 인간에게는 작은 걸음이지만, 인류에게는 위대한 도약이다."

어느 쪽이든 다리를 움직여 힘차게 한 걸음 걸어라. 지금 당신이 내디딘 한 걸음이 앞으로 이어질 당신의 역사다.

힘든 상황을 돌파해야 한다면 당신에게 다리가 있다는 사실을 기억하라. 걱정이 된다면, 한 발 내디뎌라. 근심에 사로잡힌다면 한 발 내디뎌라. 포기하고 싶다면 한 발 내디뎌라. 멈춰 생각하고 싶다면 한 발 내디뎌라. 누군가 비난한다면 한 발 내디뎌라. 꿈에 그리던 성공이 바로 눈앞에 보인다면 한 발 내디뎌라. 이제 여기까지라고 생각되면 한 발 내디뎌라.

　당신은 지금 어디를 향해 한 발을 내딛고 있는가? 가고 싶은 방향으로 가고 있는가? 우두커니 서 있지 말고 당신이 원하는 곳으로 가라. 우선 한 걸음 걸어라. 왼발을 먼저 내디디면 오른발이 뒤이어 따라올 것이다. 오른발을 먼저 내디디면 왼발이 뒤이어 따라올 것이다. 어느 쪽이든 다리를 움직여 힘차게 한 걸음 걸어라. 지금 당신이 내디딘 한 걸음이 앞으로 이어질 당신의 역사다.

# 핏블리의 멘탈 강화 트레이닝

## 워킹 런지

1 한쪽 다리를 한 발 앞으로 내디딘다.
2 반대쪽 다리 무릎을 바닥에 닿을 듯 내린다.
3 디딘 다리에 힘을 주며 일어나 반대쪽 다리를 앞으로 내디디며 구부린다.
4 다리를 번갈아 내디디며 걸어간다.

 힙업운동 런지 제대로 하는법 | 무릎,허벅지만 아프다면 꼭 봐야할 영상!

 런지 이렇게 하면 '엉덩이' 자극! 자세 + 이론

--------------------------------------------------------

## 내게 필요한 행동 습관

자신을 어떤 사람이라고 생각하는지 써보자. 앞으로 어떤 사람이 되고 싶은지도 써보자. 이 둘 사이에 어떤 관계가 있고, 어떤 간극이 있는가? 현재의 모습에서 내가 원하는 나의 미래의 모습으로 이동하려면 어떤 행동 습관이 필요한가? 그 행동 습관이 시스템이 되면 내 삶이 어떻게 변할까? 구체적으로 생각해보자.

# 버티는 힘을
# 길러라

## Warming-up

엉덩이는 골반의 뒤쪽에 위치하며 허리 아래부터 허벅다리 위까지 좌우로 살이 볼록하게 붙은 부분이다. 다리를 지탱하고, 골반을 안정적으로 만들며, 큰 힘을 발생시켜 허벅지와 골반을 움직이게 하는 데 영향을 미친다. 대표적인 근육은 대둔근이다. 엉덩이 근육에 문제가 생기면 몸의 균형이 무너져 허리부터 발목까지 무리가 온다. 하체 운동을 할 때 가장 중점을 두는 것도 엉덩이 운동이다.

'일은 엉덩이로 하는 것'이라는 말이 있듯 엉덩이는 버티는 힘의 상징이다. 미친 실행력을 가진 사람이라도 끈기 있게 지속하지 않으면 목표에 도달하기 어렵다. 원하는 목표를 향해 가는 중에도 다른 방향으로 가고 싶은 충동이 솟구칠 수 있다. 엉덩이 운동을 하면서 힘든 순간에도 버티는 끈기를 길러보자.

## 충동을 이기는 엉덩이의 힘

앞에서도 말했듯 사람의 몸은 한 개의 근육이 아닌 수많은 근육의 결합체로 움직인다. 그 많은 근육 중에서 엉덩이는 그저 두꺼운 지방층이라고 생각하는 사람들이 많다. 그러나 엉덩이 근육은 등 근육이나 허벅지 근육처럼 큰 근육에 속한다. 상체와 하체의 중간에 위치하며 몸의 좌우 균형을 잡아준다. 엉덩이 근육이 발달한 덕분에 서 있을 수도 있고 편한 자세로 걸을 수도 있는 것이다. 우리가 걷고 뛴다는 것은 무게를 가진 육체를 끊임없이 들었다 놨다 한다는 뜻이다. 만약 엉덩이가 없었다면 그만한 힘을 낼 수 없었을 것이다. 몸을 지탱하고 순간적으로 움직일 수 있게 하는 힘을 내는 에너지는 바로 엉덩이에서 나온다.

　엉덩이 근육은 척추기립근과 함께 척추에 힘을 더하고 허리를 받쳐준다. 한쪽 발로 중심을 잡거나 무게를 유지할 때 골반이 틀어지는 것도 막아준다. 스피드 스케이팅이나 단거리 육상 선수, 씨름 선수, 야구 선수 등 스포츠 선수들 중에 엉덩이가 발달한 경우가 많은데 그 이유는 엉덩이가 폭발적인 힘을 내는 원천이기 때문이다.

나이가 들면 엉덩이 근육이 줄어든다. 엉덩이 근육이 약해질수록 활동이 불편해지고 균형을 잡기 어려워진다. 엉덩이 근육을 강화하는 운동 하나만 제대로 해도 기본적인 건강을 유지할 수 있다. 값비싸고 좋은 영양제를 먹는 것보다 엉덩이 근육을 키우는 게 더 낫다는 속설이 있을 만큼 신체의 모든 부위 중에서도 엉덩이는 특히 중요하다. 내가 헬스장 이름을 '힙업 공장'이라고 한 이유도 엉덩이 운동의 중요성을 강조하고 싶었기 때문이다.

'엉덩이가 무겁다'라는 말은 행동이 느리다는 의미로도 쓰이지만 한편으로는 한곳에 오랫동안 앉아 있을 정도로 버티는 힘이 있다는 뜻으로도 쓰인다. 우리가 원하는 것을 이루려면 결과가 나올 때까지 '버티는 힘'이 필요하다. 버티는 힘이 없을 때 우리는 충동적으로 행동한다.

어쩌면 우리 일상은 충동과의 싸움인지도 모른다. 충동에 지지 않고 목표를 향해 가기 위해서라도 버티는 힘은 꼭 필요하다. 실제 엉덩이 근육을 키우면 하체 힘이 좋아지기 때문에 근력이 강해진다. 전체적으로 체력이 좋아지는 것이다. 버티는 힘을 키우기 위해서라도 엉덩이 근육을 단련하자.

목표가 뚜렷한 행동을 지속적으로 하면 버티는 힘이 커진다. 버티는 힘을 키울수록 성공에 가까워지는 것이다. 버티는 힘을 강화시키는 것이 행동이라면, 무너뜨리는 것은 충동이다. 충동은 목표를 어긋나게 하고, 서두르다 일을 망치게 하는 주범이다.

충동은 행동과 다르다. 충동의 뜻을 사전에서 찾아보면 '반성이나 억제 없이 발작적으로 행동하려는 마음의 움직임', '심하게 마음을 흔들어놓음. 또는 그러한 자극'이라고 되어 있다. 심리적으로는 '욕망을 표현하는 심리적 현상의 한 가지. 구체적 목적에 대한 뚜렷한 의식 없이 욕망의 발생이나 그것의 만족을 느끼게 하며 인간의 활동을 부추기거나 누르면서 조절한다'라고 풀이되어 있다. 즉 목표를 향해 일관되게 흐르는 마음이 아니라 그저 발작적으로 움직이는 마음인 것이다.

우리는 하루에도 몇 번씩 충동에 휩싸인다. 종소리를 들으면 먹이가 없어도 저절로 침을 흘리는 '파블로프의 개'처럼 충동에 따라 자동적·반사적으로 움직이는 것이다. 다이어트 중인데도 튀김 냄새가 나면 튀김을 먹고, 햄버거 사진을 보면 홀린 듯 햄버거를 먹는다.

이 정도는 그래도 애교로 봐줄 수 있다. 자신을 억제하지 못할 만큼 높은 충동성을 갖고 있는 사람은 빚을 내서 도박을 하고, 후회

할 것이 뻔한 데도 순간을 참지 못해 폭력을 휘두른다. 충동은 우리 귓가에 이렇게 속삭인다.

"괜찮아. 너 하고 싶은 대로 해. 마음 가는 대로 사는 게 자유야."

물론 우리에게는 하고 싶은 대로 하면서 살 수 있는 자유가 있다. 그러나 자기 규율이 없는 자유, 삶의 목표가 없이 떠도는 자유는 그저 방종일 뿐이다. 충동은 때로 이렇게도 속삭인다.

"노력? 그런 바보 같은 짓을 왜 해? 더 빨리 가는 길이 있잖아."

행동은 삶을 살리지만 충동은 삶을 망가트린다. 충동은 천천히 시간을 들여 공들이는 성실함과 진지함을 비웃으며 더 빠른 길로 가라고 부추긴다. 지름길을 알려주는 것 같지만 사실은 몰락의 길로 끌고 가는 것이다.

근육을 키울 때도 이런 일은 발생한다. 스테로이드를 쓰는 것이다. 스테로이드를 쓰면 차원이 다르다고 느낄 만큼 빠른 시간 안에 몸이 어마어마하게 좋아진다. 그러나 스테로이드는 치료를 목적으로 하는 것 외에 의사 처방 없이 임의로 사용하면 불법이며 인체에 심각한 부작용을 초래한다. 심각한 부작용을 알고도 사용하는 이유는 남들보다 몸이 빨리 좋아지고 싶은 '충동' 때문이다. 십 분을 기다리면 마시멜로 열 개를 먹을 수 있는 데도 일 분을 못 참고 한 개를 먹는다. 당장의 쾌락을 위해 더 좋은 선택을 포기하는 것이다.

그렇다면 도대체 왜 우리는 충동적으로 행동하는 것일까? 왜 돌아서서 후회하는 잘못을 번번이 저지르고 마는 것일까?

## 같은 잘못을 반복하는 이유

좋은 행동 습관을 시스템으로 만들면 삶이 심플해진다. 수많은 행동이 일관되게 한 방향으로 움직이기 때문이다. 하체 근육을 키우고 싶다면 하체 근육을 키우는 운동을 해야 한다. 작가가 되고 싶다면 글을 써야 하고, 셰프가 되고 싶다면 요리를 만들어야 한다.

피아니스트가 꿈인 사람이 작곡가의 곡에 담긴 다양한 감정을 느끼고 싶다며 10년 내내 열심히 유럽과 아시아, 아메리카 대륙을 여행했다고 하자. 매일 아침 동트기 전 일어나서 작곡가의 생가에 갔고, 작곡가가 머문 호텔에서 커피를 마시며 심정을 헤아렸고, 작곡가가 걸어 다닌 골목을 샅샅이 훑고 다녔다. 10년 동안 수많은 행동을 열정적으로 성실하게 했다. 그러나 가장 중요한 피아노 연습을 하지 못했다! 그래도 그가 피아니스트로 성공할 수 있을까?

피아니스트가 되는 일이 현실과 너무 먼 이야기라 괴리감이 느껴진다면 이번엔 탄력 있는 복근을 만드는 일을 생각해보자. 멋진 복근을 갖고 싶은 이유는 사람마다 다를 것이다. 멋진 외모를 갖고 싶어서일 수도 있고, 건강을 위해서일 수도 있다. 어떤 사람에게는 습관처럼 해오던 일일 수 있지만, 어떤 사람에게는 일생일대의 큰 도전일 수도 있다. 스스로 해냈다는 뿌듯함을 느끼고 싶어서든 타인의 시선과 인정이 필요해서든 내적인 만족이 큰 사람도 있을 테고 외적인 만족이 우선인 사람도 있을 것이다.

어느 쪽이든 좋다. 이유야 어쨌든 선명한 복근을 만드는 일이 내게 가치 있는 일이고 해내기로 결정했다면 한 가지는 분명하다. 건강한 식단을 가까이 하면서 운동을 해야 한다는 것이다. 그런데 현실은 어떤가? 누가 봐도 살이 찌는 음식을 먹는다. 이유를 물어보면 "안 먹으면 스트레스 받기 때문"이란다. 이럴 때 어떡하면 좋을까? 해결책은 간단하다. 복근을 만드는 일보다 스트레스를 안 받는 일이 더 중요하다면 먹으면 된다.

또는 스트레스를 받지 않을 만큼만 먹고, 운동을 더 하면 된다. 먹는 것을 포기해야만 몸을 만들 수 있는 것은 아니다. 그러나 먹은 만큼 운동을 할 수 없다면 먹는 것을 포기해야 한다. 그런데 머리로는 멋진 복근을 원하면서 입으로는 살이 찔 수밖에 없는 음식을 먹고, 마음으로는 후회한다. '내가 왜 그랬을까'라고 반성하지만 시간이 지나면 다시 반대되는 행동을 하고, 후회하는 일을 반복한다. 왜 우리는 이런 잘못을 반복하는 것일까?

수천 개의 진주알이 있어도 꿰어야 보배가 되듯 온갖 좋은 행동을 모두 해도 내가 원하는 원 씽과 관계가 없다면 의미가 없다. 피아니스트가 되려면 다른 무엇보다 피아노 연습에 집중해야 하고, 선명한 복근을 만들려면 복근 운동에 집중해야 한다.

그러나 우리는 알면서도 같은 잘못을 반복한다. 다음엔 잘해야지 결심하고 다시 어떤 행동들을 열심히 하지만 결과는 마찬가지다. 생각은 나침반처럼 북쪽을 가리키는데 감정은 남쪽으로 향하고 행동은 동쪽과 서쪽을 부지런히 오간다. 열심히 올라간 산 정상에서 "여기가 아닌가 봐!"를 외치는 격이다.

과거를 반추하며 반성해도 같은 잘못을 반복하는 이유는 반성에만 머물기 때문이다. 반성은 잘못한 일을 되돌려 보는 것으로 끝난다. 그러나 과거에서 배우려면 단순한 반성만으로는 부족하다. 무엇을 고쳐야 하는지 분명하게 아는 '성찰적 반성'을 해야 한다. 무엇을 잘못했고, 앞으로 같은 실수를 반복하지 않을 뿐만 아니라 잘하기 위해선 무엇이 필요한지 확실하게 알아야 할 것이다. 앎이 없는 반성은 그저 상처에 반창고를 붙여주는 행위일 뿐이다. 이런 행위는 당장의 상처가 아무는 데는 필요하지만 다음에 또 일어날 수 있는 사고나 부상을 막지는 못한다.

'그러지 않았어야 하는데'라는 후회를 반복하지 않으려면 어떻게 개선하면 좋을지 확실한 방법을 생각해야 한다. 예를 들어 라면을 처음 끓였는데 면발이 너무 불었다. 다음에 더 맛있는 라면을 먹으려면 '아이고, 면을 너무 오래 삶지 말았어야 했는데!'로 그치지 않고 얼마나 삶는 게 좋을지 정확한 시간을 알아보는 것이다. 새로 찾은 방법을 하나둘 적용해보면서 내 입맛에 맞는 면발을 찾으면 된다. 라면 국물이 너무 싱거웠다면 '물을 너무 많이 넣지 말걸!'이라고 후회만 하지 말고 물을 줄여가면서 적정한 물의 양을 찾으면 된다.

몇 번의 시행착오를 겪느냐가 중요한 일이 아니다. 시행착오를 통해서 아무것도 배우지 않는다면 그것이 진짜 문제. 우리가 과거의 행동을 통해 배울 때 과거는 더할 나위 없이 훌륭한 레퍼런스가 된다. 그러나 과거의 행동에서 아무것도 배우지 못한다면 그것은 그저 의미 없이 흘러간 일들, 충동적으로 저지른 일들에 불과하다.

## 상황이 아닌 삶을 보라

우리의 삶은 수많은 상황으로 이뤄져 있다. 상황은 좋을 때도 있고 나쁠 때도 있다. 운동이 잘되는 날이 있으면 잘 안 되는 날이 있다. 컨

디션이 좋은 날도 있지만 근육통에 시달리기도 한다. 그래도 운동선수는 매일 해야 하는 연습량을 채울 것이다. 조급한 마음이 들어도 착실하고 끈기 있게 운동을 해나갈 것이다. 훌륭한 피아니스트는 연주회가 잡혀도, 연주가 취소되어도 자신의 연습을 한다. 마음에 안 드는 부분을 잘 칠 수 있을 때까지 수십 번, 수백 번 끈기 있게 해낸다.

이들이 이런 행동을 지속하는 이유는 무엇일까? 운동선수나 피아니스트라고 연습을 그만두고 싶은 충동을 느끼지 않을까? 그들도 날씨에 따라 마음이 변하기도 하고, 결과에 따라 기쁘기도 하고 슬프기도 할 것이다. 그러나 한 분야에서 오래 탁월한 성과를 내는 사람들은 변하는 상황에서도 원하는 것을 얻을 때까지 버틸 줄 안다. 변하는 상황보다 자신이 소중하게 여기는 것, 운동선수로서의 삶, 피아니스트로서의 삶이 더 중요하기 때문이다.

순간의 충동에 지는 것은 삶을 보지 못하고 상황만 보는 것과 같다. 상황에 굴하지 않고 삶의 목표로 삼은 것을 이룰 때까지 해내는 힘이야말로 '버티는 힘'이다. 버티는 힘이 없으면 전체를 보지 못하고 부분만 본다. 상황에 집착하는 것 또한 전체를 보지 못하고 부분만 보기 때문이다. 부분만 보면 목표에 어긋난 행동을 하게 되고 잘못된 결과를 가져온다. 잘못된 것을 알면서도 지속하는 것은 버티는 힘이 아니라 그저 단순한 고집에 불과하다. 이와 관련해 이야기 하나를 들려주겠다.

한 남자가 술에 취해 가로등 아래에서 무언가를 찾고 있었다. 무릎을 꿇고 손으로는 땅을 짚은 채 주변을 살폈다. 길을 지나가던 청년이 그에게 다가와 물었다.

"무엇을 찾고 있나요?"

"열쇠를 찾고 있어요."

"여기에 떨어뜨렸어요?"

그러자 남자는 고개를 들더니 손가락을 들어 길 건너편을 가리켰다.

"저기에 떨어뜨렸어요."

이 상황이 이해가 되지 않은 청년이 다시 물었다.

"그런데 왜 여기에서 찾고 있어요?"

그러자 남자가 멍한 눈빛으로 청년을 바라보며 대답했다.

"저긴 어두운데 열쇠가 보이겠소? 밝은 여기에서 찾아야지."

누구나 이 이야기를 들으면 어이없다고 생각할 것이다. 그러나 우리도 종종 이런 일을 하고 있진 않은가. 성공의 문을 열어주는 열쇠를 엉뚱한 곳에서 찾고 있지는 않은가. 이 이야기는 우리에게 두 가지 진실을 말해준다.

하나는 자신이 처해 있는 상황에 익숙해지면 좀처럼 변화를 시도하지 않는다는 것이다. 익숙한 상황에서 열쇠를 찾지 못했다면 그 상황에서 벗어나야 하는데도 여전히 고집을 부린다. 또 한 가지는 삶의 열쇠는 밝은 가로등 빛 아래가 아니라 길 건너편 어둠 속에 있다는 것이다. 열쇠를 찾으려면 현재의 상황에 머무르지 말고 아직 발견하지 못한 미지의 삶을 향해 무릎을 펴고 일어나 걸어가야 한다.

미지의 세계를 향해 가려면 용기가 필요하다. 내면에서 솟구치는 격렬한 저항에 부딪힐지도 모른다. 상황에 따라 두려움, 충동, 불안이 나타날지도 모른다. 기꺼이 맞서 싸우자. 싸울 만한 가치가 충분하다. 그러나 기억하자. 어떤 상황도 우리의 걸음을 막지는 못한다. 우리가 원하는 것은 일희일비하는 상황이 아니라 그보다 더 위대한 삶이기 때문이다.

그리고 그 싸움이 끝날 때쯤 당신은 알게 될 것이다. 아마추어는 타인을 상대로 싸우지만 프로는 자신을 상대로 싸운다는 것을. 당신이 진정 원하는 변화를 이뤄내기 위한 마지막 단계는 동료와의 경쟁도 아니고 라이벌과의 싸움도 아니다. 마지막 상대는 바로 당신 자신이다.

자신과의 싸움에서 승리하라. 그리고 다른 누구도 아닌 자신으로 살아가라. 그것이 삶이 우리에게 준 최고의 축복이다.

# 핏블리의 멘탈 강화 트레이닝

**하체 근육을 키우는 바디 트레이닝 2**

## 힙 브리지

1   천장을 보고 눕는다.
2   발바닥이 엉덩이 가까이에 위치할 수 있도록 무릎을 구부린다.
3   디딘 발의 뒤꿈치로 힘껏 밀며 엉덩이를 수축한다.

엉덩이 자극에 가장좋은 힙업운
동 힙브릿지 하는법 | 허리강화
+골반교정+힙업까지!

누워서 하는 '힙업운동' 끝판왕!
고강도 '힙브릿지' | 중둔근+대둔근
사용법

- - - - - - - - - - - - - - - - - - - - - - - - - - - - - - - - - - - - -

**미친 실행력을 키우는 마인드 트레이닝 2**

## 성공 경험 되새기기

성공하는 방향으로 계속 가는 것은 끈기지만, 실패하는 방향으로 계속 가는 것은 고집
이다. 내가 끈기 있게 지속해서 성공했던 경험이 있는가? 성공할 수 있었던 요인 중에서
내가 했던 결정적인 행동은 무엇인가? 내가 고집스럽게 지속해서 실패했던 경험이 있
는가? 실패할 수밖에 없었던 여러 요인 중에서 무엇을 바꿨다면 결과가 달라졌겠는가?

# 처음부터 다시,
# 바닥에서부터 다시

근육 하나 없이 살집만 많은 몸이 꽤나 오랫동안 콤플렉스였다. 당시엔 헬스 트레이너라는 직업이 있는 줄도 몰랐지만 설령 알았다고 한들 선뜻 하겠다는 생각조차 하지 못했을 것이다. 그런데 어렸을 때부터 한 번도 꿈꾼 적 없고 대학 전공과는 더더욱 상관도 없는 헬스 트레이너가 되었다. 집 근처에 있던 헬스장에서 우연히 시작한 아르바이트가 삶을 변화시키는 인생 직업이 된 것이다. 시작은 우연이었지만 헬스의 세계에 도전한 것은 나의 선택이었다. 그리고 이 선택은 그동안 내가 머물렀던 작은 세상의 울타리를 훌쩍 뛰어넘어 더 큰 세계로 나아가도록 내 등을 밀어주었다.

헬스 트레이너로 살아오면서 내가 배운 것은 이루 말할 수 없이 많다. 노력을 하는 만큼 달라지는 몸을 보며 정직한 노력에 대한 보상을 믿게 되었다. 우리 몸은 정직하다. 하루만 운동을 쉬어도 금방 알아챈다. 내가 어디에서 게으름을 피우는지 어느 부분을 힘들어 하는지 정직하게 보여준다. 노력은 반드시 보답을 한다는 것을 온몸으로 체험했기에 내가 가진 몸의 조건에서 내추럴로 이룰 수 있는 근성장의 한계치까지 도달할 수 있었다. 오직 식이요법과 운동만으로 만든 몸은 자신감의 원천이 되었다.

　운동 용어 중에 '점진적 과부하'란 말이 있다. 운동기구의 무게를 점점 무겁게 해나가면서 운동을 한다고 해서 붙은 말인데 근 성장을 위해선 반드시 필요하다. 처음부터 무거운 무게를 드는 것이 아니라 저중량에서 시작해 고중량으로 올라간다. 몸이 적응할 수 있는 시간을 주는 것이다. 근 성장을 원한다면 반드시 루틴을 깨고 무게를 늘려야 한다. 한계치에 도달한 최고의 상급자일수록 파트너 혹은 서포터와 함께하는 경우가 많다. 혼자 할 때 100킬로그램을 들어본 적 없는 사람도 도와주는 이가 있으면 가능해지기 때문이다. 100킬로그램을 들어본 사람과 그렇지 않은 사람과의 경험 차이는 다를 수밖에 없다.

　정직한 땀방울을 흘리며 한계를 뛰어넘지 않고, 눈속임으로 쉽게 넘으려고 하면 반드시 뒤탈이 생긴다. 몸을 빨리 만들기 위해 스테로이드 약물을 쓰는 경우가 그렇다. 남을 속이는 것도 문제지만 자신에게 정직하지 못한 대가로 평생 떳떳하지 못하다. 게다가 무서운 부작용에 시달릴 수도 있다. 아무리 유혹이 크더라도 약물엔 절대로 손대지 말아야 한다.

근육은 정체기와 성장기를 반복하며 커지고 강해진다. 처음엔 힘들어도 똑같은 세트, 똑같은 무게를 반복하다 보면 성장이 멈추면서 몸이 적응한다. 근육이 성장하는 이유는 한계를 넘어서는 데 있다. 근육에 힘을 가하면 근섬유가 찢어져 상처가 생긴다. 즉 상처가 회복되는 과정에서 전보다 탄탄한 근육이 생기는 것이다. 이때 반드시 가져야 할 것이 휴식기다. 근 성장에 휴식은 선택 조건이 아니라 필수 조건이다. 휴식기를 거치지 않으면 단백질 합성 효율이 떨어지고 운동의 효율도 떨어진다. 부상의 위험이 높아지면서 슬럼프에 빠질 위험 또한 커지는 것이다. 내 몸의 근육이 어떻게 성장하는지 그 과정을 이해하면 조급한 마음을 내려놓고 지속적으로 운동을 할 수 있다.

\* \* \*

내 삶에서도 이와 비슷한 일이 일어났다. 처음엔 힘들었지만 힘든 만큼 성장을 이뤘고 이어서 정체기가 왔다. 번갈아가며 찾아오는 성장기와 정체기의 반복에 익숙해질 무렵 코로나19라는 직격탄을 맞았다. 상상조차 하지 않았던 팬데믹은 삶의 기반을 통째로 무너뜨릴 만큼 커다란 충격이었다. 그동안 일궈놓은 노력의 결과들이 무참히 깨지고 무너져내렸다. 스트레스로 탈모까지 왔지만 현실은 한층 더 무자비했다. 대출을 더 이상 받을 수 있는 담보도 없어 경제 상황은 최악이었고, 먹방으로 몸무게가 103킬로그램을 넘었다. 얻은 건 몸무게요 잃은 건 근육이었다. 말 그대로 '타락한 헬스 트레이너'가 된 것이다.

그러나 흙수저 출신인 내가 잃어봤자 더 잃을 것도 없었다. 더 이상 잃을 것이 없으니 다시 만들면 된다고 생각했다. 노력으로 근성장을 이뤄냈던 경험을 떠올리며 현실의 문제를 하나씩 해결해나갔다. 잃어버린 근육을 재생시키며 다이어트를 시작했다. 내가 통제할 수 없는 것에 마음을 두지 않고 내가 할 수 있는 일에 초점을 맞췄다. 내 삶에서 가장 가혹한 시간이자 가장 치열한 시간이었다.

그렇게 다시, 처음부터 다시, 바닥에서부터 다시 시작할 수 있었다. 먼 훗날 이때를 돌아보며 이 시기야말로 더 큰 성장과 도약을 위한 강제 정체기였다고, 과연 생각할 수 있을까. 그렇게 되기를 바라면서도 아직은 갈 길이 먼 것 같다.

＊＊＊

　사업을 시작하고 승승장구하던 날들이 거짓말처럼 무너진 후에야 진정 내가 어떤 가능성과 힘을 가졌는지 제대로 볼 수 있었다. 삶의 밑바닥에 내려와서야 비로소 보이는 것들이 있었다. 절망이 눈을 가렸지만 바로 옆엔 희망의 빛 또한 있었다. 지금 내가 체험한 지혜를 깨닫게 하려고 삶은 모든 것을 내려놓고 초심으로 돌아가라 요구했는지도 모르겠다.

　두 번 다시 경험하고 싶지 않은 일이지만, 그 과정을 혹독하게 통과하며 변하지 않는 삶의 진실 한 가지를 분명하게 깨달았다. 대출을 더 이상 할 수 없는 상황까지 내몰리든 믿었던 사람에게 배신을 당하든 헬스장을 폐업하든 어떤 사건이 일어나도 내 삶이 지속된다는 사실이었다. 행복한 일이 일어나도 삶이 이어지듯, 불행한 일이 덮쳐도 인생은 끝나지 않는다. 인생이 끝나지 않았기에 온 마음을 다해 용기를 냈고 다시 시작할 수 있있다.

　위기를 기회로 만드는 동안 고마운 분들을 참으로 많이 만났다. 내 진심을 알아주고 용기를 잃지 않도록 격려해주신 분들이 없었다면, 나를 믿고 끝까지 따라와준 회사 직원들이 없었다면, 동료 트레이너 선생님들이 없었다면 혼자서는 절대 하지 못했을 것이다. 이지면을 빌려 말로는 다하지 못할 감사의 마음을 전한다.

이 책은 내가 세상을 살면서 보고 듣고 경험하고 생각하고 배우고 느끼고 깨달은 글이다. 개인적인 글이기에 나와 다른 생각을 하는 분들도 있을 것이다. 우리가 각자 다른 몸을 갖고 있듯 생각이 다르다는 것 또한 자연스러운 일이다. 이 글을 읽어주신 분들이 나와 똑같은 생각을 갖길 바라지 않는다. 오히려 이 글을 통해 자신만의 다름을 발견하고 자신만의 생각을 발전시켜 자신만의 개성을 펼치며 자기 자신으로 오롯이 살아가길 바란다.

살아 있는 한 우리가 겪는 어려움은 이겨낼 수 있다고 믿는다. 우리가 경험하는 위험과 위기와 불안과 두려움보다 우리 자신이 더 큰 존재이기 때문이다. 삶에서 일어나는 일들은 삶의 일부일 뿐 결코 삶 자체를 뛰어넘을 만큼 거대한 일은 아니다. 그러니 포기하지 말고 좀 더 살아보자. 어떤 일이 있어도 자신답게, 삶을 향해 힘차게 나아가자.

# 위기 속 기회가 된
# 핏블리의 타락 모먼트

운동을 업으로 삼은 탓에 평생 동안 영양 성분을 따져가며 음식을 먹어온 핏블리가 한 번도 접해보지 못한 세계에 눈을 떴다. 넓고도 깊은 이 세계에서는 구독자들이 '선배님', 핏블리가 '후배님'이었다. 음식과 먹방을 향한 선배님들의 하해와 같은 가르침으로 방송 때마다 경이의 순간을 맛본 핏블리는 유튜브 채널 '핏블리 FITVELY'의 커뮤니티에 '타락일기'라는 제목으로 그때의 감정을 생생히 기록했다. 그중 일부를 발췌, 정리했다.

2020년 9월 4일

헬스장 인테리어 사기를 당하다니. 게다가 코로나19로 오픈하기도 전에 문을 닫은 헬스장. 숨만 쉬어도 월세와 직원 급여, 은행 이자, 공과금 등 하루 300만 원이 넘는 돈이 청구된다. 끔찍한 하루하루를 아무도 없는 헬스장에서 견딘다.

내 인생에서 가장 깊고 가장 어두운 구렁텅이에 빠진 기분. 하지만 이대로 망할 수는 없다. 지금까지 얼마나 많은 위기를 넘어왔는가. 지금 이 자리에 오려고 얼마나 많이 노력했는가. 대상 없는 분노가 치민다.

그래서 라이브 방송을 켰다. 그리고 구독자 분들이 추천해준 뿌링클 치킨과 치즈볼을 시켰다. 난생 처음 BHC라는 회사 브랜드 치킨을, 심지어 '핫' 뿌링클 치킨으로 주문해버렸다. 배달된 치즈볼을 보기만 했을 땐 '그냥 치즈 튀긴 것 같은데… 살찔 것 같다'라고 생각했다. 별 기대 없이 치즈볼을 한 입 베어 물었는데, 그 순간 웃음이 절로 나왔다. 맛있었다. 겉면의 바삭함이 사라지고 나면 안에서 뿜어져나오는 부드러운 치즈 맛.

정말 너무나 맛있었다. 닭가슴살에서는 절대 느낄 수 없는 포화지방과 트렌스지방 맛. 맛은 있는데 코로나19로 헬스장 문 닫고 먹는 이 상황이 너무 서럽고 웃겼다. 그런데 맛은 있고… 여러 감정이 몰아쳤다. 그런 와중에도 "이러니까 사람들이 다이어트를 못 하지"라는 말이 입 밖으로 튀어나왔다.

오늘은 내 인생에서 가장 강렬한 날로 기억될 것 같다. 난생처음 맛본 치즈볼은 너무나 맛있었다. 그리고 그걸 이제야 맛본 나 자신이 안쓰럽고 대견했기 때문이다. 그래서 그동안 꿈을 위해 노력해온 나를 칭찬해주고 싶었다.

오늘의 타락 일기 끝.

2020년 9월 6일

PT수업을 하면서 회원들의 식단을 검사하면 자주 등장하는 음식이 있다. 바로 엽기떡볶이. 대체 얼마나 맛있기에 회원들이 다이어트 중인데도 참지 못하고 먹는지 궁금하긴 했다. 하지만 닭가슴살과 고구마를 오랫동안 먹다 보니 '맵찔이'가 되고만 나. 게다가 떡볶이라니, 밀가루에 조미료 범벅이 아닌가.

그렇지만 오늘은 치즈볼로 새로운 음식의 충격적인 맛에 눈을 뜬 내게 많은 분들이 추천해준 엽떡을 먹어보기로 마음먹었다. 엽떡의 최고 조합은 명랑핫도그라기에 함께 주문했다. 매운 걸 달래려고 인공과일향이 가미된 주스를 미리 사놨는데 충격적이게도 엽떡 메뉴의 기본 구성에 음료가 포함되어 있었다. 구독자 분들은 내가 이 사실을 몰랐다는 데 놀랐고, 나는 나만 모르고 있었다는 사실이 더 놀라웠다.

　　처음 먹은 엽떡의 맛은, 그냥 떡과 치즈였어…. 크게 실망하며 명랑핫도그를 입에 넣은 순간! 아하하하하! 바로 이거였다! 명랑핫도그를 엽떡 국물에 찍어 치즈를 돌돌 말아먹으니 전완근 펌핑도 되고 엄청나게 바삭, 촉촉, 짭조름하고 포화지방 가득한 맛이 났다.

　　오늘 나는 음식의 조합을 배웠다.

　　오늘의 타락 일기 끝.

　　2020년 9월 7일

　　오늘은 비가 많이 왔다. 비를 뚫고 연유와 휘핑크림을 사왔다. 선배님들이 추천해주신 조합이라 두근거리는 마음으로 치즈볼과 함께 먹었다. 치즈볼은 역시나 맛있었다. 미안하지만 교촌 허니치킨의 맛은 기억도 나지 않는다.

　　하지만 먹다 보니 큰 위기가 왔다. 연유와 휘핑크림, 그리고 치즈볼…. 이래선 안 되겠다는 생각이 머리를 스쳤다. 연유는 처음 만났지만 손절이다.

　　아, 그리고 엄청난 사실을 알았다. 치즈볼은 두 개씩 먹어야 한다. 그러면 맛이 두 배가 된다.

　　하나 더 깨달은 것. 제로콜라를 마실 바에야 그냥 콜라를 먹고 운동하자. 제로콜라는 라이트맥주와 같은 녀석이다.

처음 들어오는 먹방 광고료는 소년소녀 가장들을 위해 전액 기부하기로 했다. 나도 코로나19 때문에 위기를 맞았지만 먹방으로 그 위기를 기회로 만든 것처럼 어린 친구들에게 내가 기부한 돈이 기회가 되었으면 좋겠다.

오늘의 타락 일기 끝.

2020년 9월 8일

디스패치…. 여기에 기사가 났다. 두 사진이 상반돼서 혼란스럽다. 이제 검색창에 핏블리를 검색하면 먹방 기사만 나온다. 운동을 9년 넘게 했는데 먹방으로 나흘 만에 유명해지다니. 이게 재능이라는 건가.

이젠 나도 나를 모르겠다…. 나는 구독자들을 다이어트 시켜야 하는가, 타락시켜야 하는가. 트레이너라는 정체성에 혼란이 온다.

오늘의 타락 일기 끝.

2020년 9월 8일

오늘은 비가 왔다 맑았다 오락가락한 날씨였다. 마치 내가 핏블리였다가 타락헬창이었다가 하는 것처럼….

오늘은 선배님들과 약속했던 마왕족발과 뚱카롱을 먹기로 한 날이었다. 족발은 몇 개월 전 직원 회식 때 먹어봤기 때문에 내심 시큰둥했지만, 국수도 판다는 얘기에 넘어갔다.

마왕족발은 당면이 맛있었다. 당면에서 족발보다 더 진한 족발 맛이 났다. 반대로 족발에선 족발 맛이 나지 않았다. 혼란스러웠다. 하지만 마왕족발 당면은 살면서 먹어본 면 중 제일 맛있었다. 고구마 분말로 만들었다는데 그러면 복합탄수화물인가? 나머지 시큼한 국수, 상추쌈, 무말랭이는 생략한다. 기억하고 싶지 않다.

디저트로 마카롱을 먹었다. 선배님들이 마카롱을 많이 사왔다고 놀라셨다. 마카롱은 조금만 먹는 건가 보다. (메모 쓱쓱) 마카롱을 먹는데 인터넷에서 햄버거를 눌러서 먹으면 고수라고 해서 마카롱을 눌러먹었다. 깨지더라. 선배님들이 화내셨다. (마카롱은 눌러 먹지 않는다, 메모 쓱쓱)

세상은 넓고 치즈볼 말고도 놀라운 음식들이 많은 것 같다. 오늘은 구독자 두 분이 치즈볼을 갖다 주셨다. 치즈볼을 한 입 깨무는 순간 눈물이 날 뻔했는데 그건 다름 아닌 슈가쇼크 때문이었다. 선배님들이 자꾸 아는 맛이 더 무섭다고 하는데 이해가 안 된다. 이 후배는 아직 모르는 맛이 더 무섭다.

아… 그리고 이제는 치즈볼은 그만 먹고 싶다….

오늘의 타락 일기 끝.

2020년 9월 10일

화창해서 기분 좋은 날씨였다. 매일 아침 일어날 때마다 나에게 마법이 일어난 것 같다는 생각이 든다. 꿈에 그리던 헬스장을 오픈하기 직전에 인테리어 사기를 당하고, 주변 상인들의 시기로 100건이 넘는 경찰 신고 및 민원을 받기도 했다. 그리고 코로나19…. 눈물이 날 것 같았다.

40여 개국을 돌아보는 세계여행을 마치고 한국에 들어와 사업을 시작한 건 2018년 8월 1일. 남들보다 더 노력했고 철저히 준비했고 열심히 공부했기에 자신 있었다. 혼자로 시작해 2년간 우여곡절이 있었지만 약 스무 명의 직원이 함께하게 됐고 네 곳의 헬스장을 운영 중인 회사 대표가 되었다.

주변 사람들이 말했다. "사업 확장을 너무 빠르게 하는 것 아니야? 돈도 쓰면서 쉬엄쉬엄해." 그러나 나는 그저 이 일이 재미있다. 내가 좋아하고 잘하는 일로 내가 하고 싶은 걸 할 수 있다는 게 행복하다. 남들이 돈을 벌어 좋은 차를 사고, 좋은 시계를 사고, 좋은 술을 마실 때 나는 유튜브에 도전하고, 헬스장을 확장했다. 옷이 많이 없어서 날마다 똑같은 옷을 입었다. 6천 원짜리 팬티, 구멍 난 신발, 싸구려 모자를 쓰고 입고 신고 다녔다. 몇 개월간 아침에 샤워하는 시간이 아까워 아침에 눈뜨자마자 모자만 쓰고 회사로 출근했다.

나는 부자가 아니다. 그러나 최선을 다해 살고 있다고는 당당히 말할 수 있다. 정말 최선을 다하며 노력하며 살고 있다. 그런데 내 최선과는 관계없는 코로나19로 인생이 송두리째 흔들렸다. 살면서 처음으로 원형탈모가 생겼다. 흰머리가 무성하게 났다. 인테리어 사기를 당한 데 이어 코로나19 때문에 영업 정지 명령을 받은 탓에 핏블리 부천점은 오픈도 하지 못하고 문을 닫았다. 그래도 아침 8시부터 밤 11시까지 아무도 없는 헬스장에 있었다. 눈물이 났다.

2년이라는 짧은 기간 동안 빠르게 성장했지만, 모든 지점이 문을 닫고 나니 월세 150~200만 원을 감당하기 힘들었다. 인건비도 큰 부담이었다. 말로 표현하기 힘든 압박감과 상실감…. 불면증과 헛구역질에 시달렸다. 하지만 언제까지 좌절만 하고 있을 순 없었다. 불가항력인 상황이었지만 나는 혼자가 아닌 회사 대표이기에 위기 속에서 기회를 찾으려 했다. 처음에는 아무도 없는 헬스장에서 운동 라이브와 질의응답 라이브를 매일 할 계획이었다. 라이브 중 우연히 먹게 된 치즈볼이 나에겐 기회가 되었고 그 덕분에 좌절에서 희망으로 다시 향해가고 있다.

오늘 진행한 라이브는 소년·소녀 가장들을 위한 기부 방송이었다. 주변 사람들은 말했다. "지금 남 도울 때야? 너부터 살아." 맞는 말이다. 남을 돕기 위해선 여유가 있어야 한다.

그러나 이번 기부는 '이성'이 아닌 '감성'에 따른 행동이었다. 코로나19로 모두가 힘든 이 시기에 나 때문에 구독자들과 소년·소녀 가장 친구들이 잠시나마 웃을 수 있다면 조금 더 빨리 코로나19가 사라지지 않을까 하는 소망을 담아 한 행동이었다.

나는 솔직히 지금 힘들다. 방송을 할 때마다 즐겁게 웃다가 슬프다가 하는 이유는, 내가 처한 상황이 몹시 슬프기 때문이다. 그래도 나는 앞으로도 위기 속에서 기회를 찾으려 노력할 것이다. 그리고 주변 사람들에게 기회를 찾을 수 있도록 도움이 되고 싶다. 이것이 내 소망이다.

많은 사람들이 내게 메시지를 보낸다. 힘든 시기에 덕분에 많이 웃는다고, 힘이 된다고. 나는 반대로 말해주고 싶다. 여러분 덕분에 내가 위로받고 웃는다고.

이렇게 오늘 하루가 지나간다.

오늘의 타락 일기 끝.

2020년 9월 11일

　　스브스 뉴스에 'BJ치즈볼'
이 타락하게 된 영상이 올라갔
다. 운동으로 유명해지고 싶었는데 DJ치즈볼로 먼저 유명해졌다.
마치 알볼로피자를 시켰는데 치즈볼이 더 맛있는 느낌이다.

　　오늘은 선배님들과 정한 알볼로피자, 치즈볼, 슈크림치즈스틱,
KFC 에그타르트를 먹었다. 알볼로피자는 피자 조각 모양이 세모가
아니라 그런지 내 취향은 아니었다. 치즈볼은 어마어마했다. BHC
치즈볼이 탄수화무우우울, 지바아앙, 사르르, 쫄깃쫄깃이었다면,
알볼로피자는 타탁! 타탁! 타타탁, 탄수화무울, 지바앙, 바삭바삭
이런 느낌이었다. 더 충격적이었던 건 딸기 치즈볼이 세상에 존재한
다는 사실이었다. 딸기 치즈볼은 아주 맛있는 딸기 보충제와 치즈
볼을 합쳐놓은 맛이었다. 별미였다. BHC가 헬스계의 '덤벨'이라면,
알볼로 치즈볼은 '메디신볼'이다.

　　디저트로 KFC 에그타르트를 먹었다. KFC는 치킨 파는 곳인
줄 알았는데 다른 것도 파나 보다. 요즘 치킨집에서 치즈볼과 햇반
을 팔고 족발집에서 당면을 팔고…. 다들 열심히다.

　　에그타르트는 계란찜과 계란프라이 중간 맛이 난다. 치즈볼이
맛있다. 치즈볼 더 시킬걸. 오늘은 치즈볼을 제외하곤 실망스러운
타락 메뉴였다.

　　오늘의 타락 일기 끝.

2020년 9월 13일

잘 구운 치즈볼같이 반짝거리는 날씨였다. 사실 오늘을 타락 마지막 날로 하려 했다. 내일부터 헬스장 문을 열 수 있기 때문이다. 아쉽지만 '부캐' 핏블리로 돌아갈 시간이다. 코로나19와 동시에 여러 가지 사건으로 파산 위기까지 갔지만, 위기 속에서 치즈… 아니, 기회를 찾아 살아남았다.

누군가를 원망하고 탓하고 좌절하고 우울하게 있을 수 있었으나 달라지는 건 없기에 정신 차리고 기회를 찾은 건 정말 잘한 일이었다. 위기를 기회로 만든 BJ치즈볼은 두고두고 회자될 것이다.

원래 오늘을 BJ치즈볼 마지막 방송으로 하려 했으나 아직 치즈볼에 눈뜨지 못한 헬스인들이 많은 것 같아 계속해서 타락을 전파하기로 했다. BJ치즈볼은 앞으로 매주 일요일 순수한 헬스인들을 타락시킬 계획이다. 그리고 나도 치즈볼을 손댄 이상… 한 달에 두 번 정도는 타락하면서 복근을 유지해보려고 한다.

내일은 인바디 검사를 하려고 한다. 근 손실 1킬로그램… BJ치즈볼 인바디 예상 결과 단백질 2%, 탄수화물 90%, 지방 6%, 귀여움 1%, 개그 욕심 1%.

딸기우유에 포화지방 추가한 맛 나는 알볼로 딸기치즈볼 먹고 싶다. 내일부터 저염식 해야지….

오늘의 타락 일기 끝.

2020년 9월 19일

일주일 동안 오늘만 기다렸다. 물론 선배님들이 보고 싶어서 그런 것도 있지만, 치즈볼을 먹고 싶었기 때문이다. 선배님들이 추천해준 푸라닭 블랙알리오 치킨, 고추마요 치킨, 치즈볼 그리고 파파존스 브라우니를 먹었다. 푸라닭 치킨과 치즈볼은… 속상했다. 이날을 위해 일주일 내내 닭가슴살 볶음밥만 먹었는데…. 시무룩. (매우 주관적인 입맛)

푸라닭을 추천해준 선배님들이 미안해하는데, 정말 괜찮다. 내가 먹방 초보라 매우 단 브라우니를 먼저 먹어서 미각을 잃은 탓일 수 있다. 따뜻할 때 먹었어야 했는데 식은 상태로 먹어서일 수도 있다. 다음에 기회가 된다면 푸라닭 선배님 가게에 가서 조리 직후에 먹어보고 싶다.

파파존스 브라우니는 큰일 나는 맛이었다. 파파존스는 초등학교 때 부자 친구가 생일파티 하는 곳으로 기억하고 있었는데 브라우니 맛집이었다니. '겉바속촉'이라는 말이 잘 어울리는 브라우니였다. 겉은 바삭한데 속은 어찌나 부드럽고 달콤하던지… 눈물 날 뻔했지만 큰 손실 나면 안 되니까 꾹 참았다.

구독자 선배님이 마카롱을 보내주셨는데 브라우니의 단맛에 취해서 그런지 맛을 제대로 못 느꼈다. 상처받지 않으셨으면 좋겠다. 편지 내용이 감동적이라 사무실 벽에 붙여놓았다. (마카롱 꼬끄는 마카롱 시체가 아니다. 메모 쓱쓱.)

내일은 간장게장과 양념게장을 먹는 날이다. 맛있었으면 좋겠다. 내일도 맛없으면… 평일에도 타락할 거다.

오늘의 타락 일기 끝.

2020년 9월 20일

오늘은 예에에에전에 엄마, 아빠와 함께 먹었던 꽃게 무한리필 이후로 게장을 처음 먹는 날이었다. 두근거리는 마음으로 간장게장의 맛을 본 순간 하… 큰일 났다고 생각했다. 간장 맛이 났다. 짰다… 후… 광고인데…. 광고주 선배님이 맛없으면 맛없다고 솔직하게 리뷰해달라 하긴 하셨지만… 딜레마에 빠졌다. 그렇지만 나는 음식에 대한 내 신념을 돈 앞에 버릴 수 없기에 솔직하게 짜다고 말했다. (다음 주 광고 취소될까 봐 약간 걱정되기는 했다.)

속상한 마음으로 양념게장을 먹었는데… 휴, 맛있었다. 광고로 받은 음식이 맛있는 게 얼마나 다행인지 이번에 몸소 느꼈다. 앞으로 식품 광고를 받는 일을 더더욱 신중하게 결정해야겠다. 나는 표정에 티가 많이 나니까.

선배님들이 알려준 대로 버터를 넣어 비빈 밥에 간장게장을 먹으니 이럴 수가! 처음에 그냥 간장게장만 먹었을 때보다 세 배는 더 맛있었다. 역시 포화지방 최고! 양념게장에도 버터를 비벼 먹었는데 어휴, 버터는 그냥 어디다 넣어도 맛있는 거였다. 닭가슴살 볶음밥에 넣어 먹으면 맛있겠다. 먹다 보니 나도 모르게 백미햇반 세 개와 현미햇반 한 개, 햇반을 총 네 개나 먹었다. 충격….

게장을 먹고 나서 대망의 메인, 아니 사이드메뉴 디저트 탄수화물 맛집 CJ 투썸플레이스 스트로베리 초코생크림케이크를 먹었다. 보충제 중에 더블초코 프로틴 맛이 있는데, 이 케이크에서는 트리플초코 프로틴을 농축한 맛이 났다. 행복했다. 음… 나는 'BJ사이드메뉴'라는 별명이 꼭 들어맞는다.

이제 또 일주일을 기다려야 맛있는 걸 먹을 수 있다. 오늘 인바디를 해보니 손실된 근육이 많이 돌아와서 다행이었다. 이정도면… 타락하면서 운동할 만한데?

오늘의 타락 일기 끝.

2020년 9월 27일

트레이너에게 닭가슴살이 아닌 치킨 광고가 들어오다니…. 지난주 '교촌치킨' 타락 먹방을 보고 진짜 교촌치킨 선배님이 광고를 주셨다. 꽈배기가 정말정말 맛있었다. 'BJ꽈배기' 탄생!

디저트로 '칙촉 위즐' 아이스크림을 먹었다. 말문이 막히는 맛이었다. 한국어를 잊고 영어가 나왔다. 영어를 부르는 맛이었다. 진짜… OMG… AWESOME…. 시원하게 먹는 파파존스 브라우니 맛이었다. (맛 데이터가 쌓여간다.)

추석 연휴 동안 추석 특집 타락 먹방을 하기로 했다. 선배님을 살찌우고 빼는 일을 반복시킬 예정이다. (타바타 열심히 준비했다.) 라이브 재방송 영상이 올라간 후 세 명의 나쁜 선배님이 말했다. "본인이 사놓고 메뉴를 왜 물어보냐", "답답해서 못 보겠다", "빨리 좀 처먹어라, 구독 취소한다" 등등. 늘 느끼지만 세상엔 여러 사람이 있다.

나는 악플러에게 관대하지 않다. 남을 함부로 판단하고 본인 가치관에 맞춰 남의 가치관을 짓밟는 그들은 존중할 필요가 없다.

모든 사람이 나를 좋아할 수는 없다. 악플러 비위에 맞추다 보면 정작 나를 좋아해주는 많은 선배님을 놓칠 수 있다. 항상 느끼는 건데, 모든 사람이 나를 좋아하게 만들 수는 없다. 그저 나를 좋아하는 사람과 나의 신념을 지키며, 상처받지 않고, 당당하게 행동하고, 당당하게 살아가면 된다.

앞으로 알려지는 만큼 수많은 시기와 질투가 있을지 모른다는 것을 이미 약간 겪어봤다. 나에겐 그런 악플러를 혼내줄 능력과 자본이 있다. 그리고 가장 중요한 존재인 우리 선배님들이 있다. 그러니까 진짜 조심해 악플러! 내가 먹방에서 바보 같아 보이지? 실제로 보면 냉철하고 무서운 사람이야, 진짜야.

착한 사람에겐 착한 사람으로, 나쁜 사람에겐 나쁜 사람으로. 나의 신념 중 하나다.

추석엔… 뭐 먹지?

오늘의 타락 일기 끝.

2020년 9월 30일

추석 연휴 첫날. 내게 연휴는 혼자 있는 게 익숙한 시간이다. 여러 가지 이유로 친척과 교류하지 않은 지 오래되었고, 얼굴과 이름이 기억나지 않는 분도 많다. 그래서 나에게 명절은 평상시와 똑같은, 그냥 조금 외로운 빨간 날 그 이상도 이하도 아니었다, 타락하기 전까진.

올 추석엔 처음으로 한복을 주문했고, 입어봤다. 음… 선배님이 'BJ자색고구마'라고 부른다. 돌쇠도 아니고 자색고구마라니….

삼첩분식은 선배님이 알려준 '시무7조' 방식대로 먹으니 떡볶이가 정말 맛있었다. 감자튀김과 치킨도…. 닭껍질은… 정말 먹으면 안 될 걸 먹는 느낌이라 죄책감에 시달렸다. 삼첩분식 선배님 회사는 유쾌하고 밝은 분위기라 너무 좋았다. (착하고 좋은 사람이 부자됐으면 좋겠다.)

나는 생일 파티라는 것을 어렸을 땐 한 번도 해본 적이 없다. 성인이 되어서 몇 번 정도? 명절도 그렇고 나에겐 어느 순간부터 특별할 게 없는 나날이었다. 하지만 선배님 덕분에 한복도 입고, 작지만 삿갓도 머리에 얹고, 수많은 선배님들과 라이브 방송을 하니 외롭지 않았다. 뭐랄까. 나를 생각해주는 사람이 많은 잔칫집에서 혼자 상석에 앉아 맛있는 것을 먹는 느낌이랄까….

행복했다. 혼자 생존하고 혼자 살아오고 혼자 해결하려는 삶을 살았기에 누군가에게 인정받고 힘들다 말하고 애정 받고 싶다는 생각이 낯설지만, 그래도 가슴 한구석이 채워지는 느낌이 든다.

서툴지만 조금씩 마음을 열어본다. 선배님, 사, 사, 사… 사리는 중국당면.

내일은… 뭐 먹지?

오늘의 타락 일기 끝.

2020년 10월 1일

추석 당일인 오늘 나는 혼자가 아니었다. '맛잘알' 윤쌤과 뇽쌤을 초대해 함께 튀김파티를 했다. 음… 잘못했다는 생각이 늘었다. 음식은 사 먹는 게 최고인 것 같다.

그래도 같이 한복도 입고, 여러 가지 음식도 튀겼다. 막걸리 한 잔 마시면서 시끌벅적하게 웃고 떠드니 명절 분위기가 물씬 났다. 윤쌤, 뇽쌤은 함께 있으면 기분이 좋아진다. 좋은 선배님이다.

메인 메뉴는 튀김…. 신발도 튀기면 맛있다고 하는데 튀겨서 맛있는 건 치즈볼뿐인 것 같다. 오늘은 실패한 메뉴가 많아서 속상했다. 그래도 앙버떡을 먹고 모든 게 용서됐다. 살면서 먹어봤던 떡 중에 가장 맛있는 떡이었다. 내 별명은 '문떡기'다. 그만큼 빵보다 떡을 좋아한다.

선배님이 맛 표현을 해달라고 했는데…. 앙버떡은 대형 피트니스센터 같다. PT숍이 아닌 대형 피트니스센터. 규모가 크다. 앙버터가 떡만 하다…. 치즈볼과 앙버떡 중 선택하라고 하셨는데 그건 마치 스쿼트와 데드리프트 중 하나를 고르라는 것과 같다. 너무 힘든 질문은 안 하셨으면 좋겠다.

막걸리는 20대 초반에 먹어본 기억이 있는데 오늘 다시 먹어보니 밀키스 맛이 났다. 맥주보다 맛있는 것 같다. 그런데 숙취가 훅 온다고 하는 선배님 말이 이해 간다. 왜냐하면 지금 훅 와서 쓰러져 있다 깨서 타락 일기를 쓰고 있기 때문이다. 약속은 중요하니까. (현재 시각 AM 2:20)

마지막엔 연애 얘기와 개인사 얘기도 했다. 확실히 선배님에게 마음이 열려 사적인 얘기도 하게 되는 것 같다. 내 기준에 남의 집에 놀러간 건 엄청난 사건이었는데 선배님에겐 사소한 이야기인가 보다. 생각해보니 나는 살면서 친구를 집에 데려온 적이 열 번이 채 안 되는 것 같다. 친구네에도 거의 놀러 가지 않았고 더욱이 친구 집에서 자고 오는 건 꿈도 못 꿨다. 그래서 그런지 남의 집에 가는 게 뭔가… 낯설다.

윤쌤, 늉쌤과 안 지 6개월 정도 됐는데 이 정도면 나에겐 꽤 길게 이어지고 있는 인연이다. 누군가와 오랫동안 교류해본 적이 없고 혼자가 편했기 때문에 더욱 그런 것 같다. 하지만 이젠 50만 명의 선배님이 있으니 든든하다. 더욱이 이번 추석은 혼자가 아니라 외롭지 않았다. 이 모든 시간이 감사하다.

내일은… 뭐 먹지?

오늘의 타락 일기 끝.

2020년 10월 2일

이번 주는 타락하는 날이 회개하는 날보다 많다. 이전엔 하루라도 잘못된 음식을 먹으면 남들보다 뒤처지는 것 같고, 성공에서 멀어지는 것 같아 스트레스를 받으며 하루 종일 유산소를 탔는데… 지금은 오히려 안 먹는 날에 스트레스를 더 받는다.

음… '타락헬창'이라는 말이 딱 맞는 것 같다. '헬창'이라는 뜻이 나쁜 말이라는 것 잘 안다! 최대한 안 쓰려고 노력하겠지만, 어느 정도는 유머로 생각하려 한다. 그래도 불편할 수 있는 상황에서는 꼭 가려 쓰려고 노력할 거다. 그래서 나는 'BJ치즈볼'이라는 닉네임이 가장 좋다. 물론 BJ전완근, BJ유제품, BJ버터, BJ유교보이, BJ자색고구마, BJ문모자 등등 전부 좋다.

오늘 먹은 '쏘크라테스 떡볶이'는 인상 깊었다. 트레이너 중에 가장 많은 종류의 떡볶이를 먹어본 사람이 아닌가 싶다. '치즈+분모자+베이컨' 세 가지 조합은 3대 운동 '스쿼트+데드리프트+벤치 프레스'를 하루에 몰아서 하는 느낌이었다.

이제 '문떡기'에서 '문모자'로 갈아타려 한다. 마라탕도 먹어봐야 하나….

아무튼 오늘도 선배님과 즐거운 시간이었다. 자주 타락하니까 마음과 체지방이 풍성해지는 느낌이다.

내일은… 뭐 먹지?

오늘의 타락 일기 끝.

---

2020년 10월 4일

길고 길었던 추석 연휴 마지막 날, 마지막 타락 먹방을 했다. 오늘은 농심 선배님이 적어주신 레시피대로 '지옥에서 온 매운 랍스터라면'을 만들어 먹었다. (걱정되셨는지 영상과 함께 장문의 레시피를 주셨다.) 이름이 너무 길다. '타락 랍스터면'으로 불러야겠다. 헬스장에서 처음으로 라면을 끓여봤는데 나

요리를 좀 잘하는 것 같다.

파 송송, 파기름 지글지글, 대게 국물 보글보글…. 내가 만들었지만 진짜 맛있는 '타락 랍스터면'이었다. 고향의 맛이 났다. 나의 고향은 강원도 주문진이다. 겨울에 주문진 시장에서 대게 한 마리를 사고 영진 앞바다에 가서 부탄가스에 물 끓이고 추위에 부들부들 떨면서 먹는 라면 맛이었다. (물론 그렇게 먹어본 적은 없다.) 앞으로 만들어 먹는 광고가 들어와도 한다고 해야겠다. 훗.

그리고 드디어 크로플을 먹었다. 잔뜩 기대하고 먹었는데…. "버터어어윽!!" 이런 맛이었다. "버터어어어우워어어!!" 이런 맛이어야 하는데 버터 맛이 느껴지다 막히는 맛? 선배님이 휘핑 크림을 올려 먹으라고 해서 먹어보니, 아니! 휘핑 크림은 이제부터 소생 크림이다. 휘핑소생술, 휘핑술사…. 엄청나다. 네 배는 맛있어졌다. 역시 선배님. 그리고 솔티드카라멜 마카롱이 진짜 맛있었다. 선배님이 '단짠단짠'이 진리라고 했는데…. 헬스인에게 '단짠단짠'이란 '닭가슴살+소금'이다. 단백질과 소금, 단짠단짠….

오랜만에 인바디 검사를 했다. 지방이 1.1킬로그램 늘었다. 하…. 평일 타락의 결과다. 주말 타락까진 용서가 되지만 평일 타락은 루시퍼가 되는 길이다. (메모 쓱쓱)

이 일기를 쓰는 지금도 회개운동으로 자전거를 타고 있다. 이번 평일은 간헐적 치즈볼식을 해야겠다.

다음 주엔… 뭐 먹지?

오늘의 타락 일기 끝.

2020년 10월 4일

　　오늘은 회개 일기다. 아침 8시, 선배님을 만나 북한산 족두리봉 등산을 했다. 큰 손실을 각오하고, 코로나로 답답할 선배님들을 대신해 예쁜 풍경을 찍고 왔다. (내가 힐링을 하고 왔다.) 족두리봉은 두 발로 못 오른다. 손과 발을 이용해 네 발로 올라야 할 정도로 가파른 산맥이다. 정상까지는 사십 분이면 올라갈 수 있는데, 나처럼 초보 등산객에게 매우 만족스러운 코스다. 이미 대중교통으로 절반 이상 올라간 상태로 등반을 할 수 있어 정상에서 쉽게 인생 사진을 남길 수 있다. 회개 운동을 하기 아주 좋은 코스다. 정상에서 꼬북칩이라는 녀석을 먹었는데, 허허⋯ 꼬북꼬북거리면서 다 먹게 되는 맛이다. 타락 과자 특집을 하리라 마음먹었다.

　　산행을 하며 가장 좋았던 점은 마스크를 잠시나마 벗을 수 있다는 것, 공기가 참 좋다는 것, 그리고 정상에서 맛있는 걸 먹을 수 있다는 것이었다. 새삼 마스크 쓰는 현실이 서글펐고 당연하게 생각했던 게 지금은 소중할 수 있다는 생각이 들었다. 있을 때 잘하고, 소중히 여겨야 한다는 마음을 한 번 더 되새겼다. 선배님⋯ 늘 소중히 여기고 잘해야지.

　　회개로운 하루였다!

　　오늘의 회개 일기 끝.

2020년 10월 10일

기나긴 회개 평일이 지나고 타락 주말이 돌아왔다. 오늘은 타락 메뉴로 비빔면과 삼겹살을 먹었다. 비빔면만 먹었을 땐 '아, 소스에 비빈 면이구나. 맛있네. 냠냠'이었다면 비빔면에 삼겹살을 싸서 먹으니 '아… 이러려고 만든 면인가?'라는 생각이 들었다.

새콤달콤하고 시원한 비빔면을 포화지방 가득하고 뜨끈뜨끈한 삼겹살로 감싸 입속에 넣으면 느끼하지도 않고 고소하면서 달짝지근한 맛이 황홀하게 퍼진다. 이제 비빔면이 아니라 '삼비면'이라 불러야겠다. (이미 있는 말인가요, 선배님? 머쓱.)

디저트로 선배님이 선물해주신 떡을 먹었는데 첫 번째 먹은 떡은 오설록 아이스크림 맛이 났다. 다른 떡도 맛있긴 했지만 내 취향은 아니었다. 나는 앙버떡이 좋다. - From 문떡기

내일은… 뭐 먹지?

오늘의 타락 일기 끝.

2020년 10월 11일

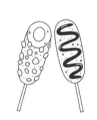

　　최근 나에게 무서운 게 생겼다. 그것은 바로 아는 맛! 며칠 동안 명랑핫도그가 생각났다. 이럴 수가…. 쫀득쫀득한 단순탄수화물과 겉면에 빼곡히 붙어 있는 슈퍼단당류 설탕, 그 안에 있는 유지방 치즈으…. 참지 못하고 오늘 냠냠 먹었다. (행복이란 이런 것일까?)

　　식욕을 참고 다이어트하는 건 나에게 쉬웠지만 진정 타락한 나를 발견했다.

　　선배님에게 물어봤다.

　　"이런 맛있는 핫도그는 언제 먹어요, 선배님?"

　　선배님은 말했다.

　　"후배님, 질문이 잘못되었어요. 언제 안 먹는지 물어봐야죠."

　　아! 나는 아직 멀었다.

　　선배님이 계속 물어본다. 얼굴이 왜 이렇게 부었냐고. 부은 게 아니다, 살이 찐 거다. 피곤해 보인다고 다크서클이 내려왔다고. 피곤해 보이는 게 맞다. 엄청 피곤하다. 인바디 검사를 했는데 99점이 나왔다. 훗. 피로가 사라졌다.

　　오늘의 타락 일기 끝.

2020년 10월 17일

오늘은 60계치킨 선배님과 짜장치킨 먹방을 했다. 나는 분명 트레이너인데 매주 치킨 광고를 하고 있다. 닭가슴살 광고는 이제 못할 것 같다. 하하하.

선배님들이 피곤해 보인다고, 스케줄이 많아진데다 먹는 만큼 운동량 늘려서 안쓰럽다고, 쉬어가면서 하라고 많이 말씀하신다.

나는 누구보다 치열한 삶을 살아왔다. 아는 사람 아무도 없는 외국에서 감자만 먹으며 아낀 돈으로 세계여행도 해봤고, 홀로 사업을 하며 사기도 당하고 휘청거린 적도 있으며, 몇 년간 닭가슴살 볶음밥을 먹으며 몸 관리를 해왔다.

이정도야 뭐, 힘든 것도 아니다. 나는 지금 위기 속에서 기회를 찾았고, 파산 직전에서 돈을 벌고 있고, 많은 관심과 사랑을 받고 있다. 이전의 나처럼 힘든 상황에서 좌절하고 있는 사람이 있을 텐데 여기서 내가 힘들어 할 이유가 전혀 없다. 더더욱 잘 성장하고 좋은 쪽으로 발전해 '위기를 기회로' 만든 사람 중 한 명으로 남고 싶다.

누구에게나 위기는 온다. 단지 위기를 바라보는 시선에 차이가 있을 뿐, 누구나 생각지도 못한 위기를 맞는다. 선배님에게 어떤 위기가 왔을 때 BJ치즈볼을 떠올리며 조금이나마 희망이 되기를 바라는 마음이다.

내일은⋯ 편의점 디저트 특집이지.

오늘의 타락 일기 끝.

2020년 10월 18일

드디어 첫 번째 디저트 특집! 세븐일레븐 디저트 특집을 했다. 이번에 느낀 건, 세븐일레븐 선배님은 진짜 '냄새 맛집'이라는 것! 모든 디저트의 달콤한 냄새가 엄청났다. 달고나 빼빼로가 인상 깊었는데, 먹기 전엔 달고나 향이 엄청나게 났는데 먹을 땐 우유 맛만 났다. 참으로 신기했다. Really!!

생전 처음 오뚜기 선배님 치즈라면도 먹었는데, 인생 라면이었다. 지이인짜 맛있었다. 내가 먹은 라면 중 단연 1위! 디저트로 선물받은 스콘은… 많이 퍽퍽해서 입안에서 밀가루 반죽을 다시 하는 느낌이었다. 우유랑 같이 먹으면 맛있을 것 같았다.

나는 오랫동안 식단을 관리해왔기 때문에 맛에 냉정한 것 같다. 칼로리를 알기 때문에 맛없는 걸로 칼로리를 섭취한다는 건, 어후… 마치 샴푸가 있는데 비누로 머리를 감는 느낌이랄까? 아무튼 광고 때문에 억지로 먹고 맛있다고 한다면 선배님을 속이고 헛돈을 쓰게 만들기 때문에 앞으로도 그렇게 하지 않을 거다! 누군가 나에게 왜 사업하냐고 묻는다면 나는 당당히 말할 수 있다.

"자유롭고 싶어서요."

나는 지금 자유롭다. 좋아하는 일을 하고 있고, 언제든 하고 싶은 콘텐츠를 만들 수 있고, 운동을 할 수 있으며, 훌쩍 여행을 갈 수도 있다. 나는 자유롭기 위해 공부했고 사업도 시작했기 때문에 돈 때문에 내 자유를 포기할 생각이 절대 없다!

언젠가 꼭 은퇴하고 세계 여행을 할 것이다! 다시 한 번 세계를 여행하며 전에 못 먹은 음식 투어도 하고 여행 브이로그도 하고 헬스장 투어도 하며 선배님이랑 놀아야지.

다음 주엔… 뭐 먹지? 곱창·막창·대창 파티를 할까?

오늘의 타락 일기 끝.

2020년 10월 24일

오늘은 살면서 대창을 처음으로 먹어 봤다. 대창·막창·곱창·특양구이를 7만 원어치를 시켰는데 1인분이 와서 진심으로 당황했다. 진심으로 당황해서 배달기사 선배님과 가게에 전화해보니 제대로 간 거라고. 살코기보다 비싼 장기류였다. 이제 왜 볶음밥이랑 장기류를 같이 먹는지 알겠다. 대창·곱창으로 배를 채우려면 20만 원은 써야 할 것 같다.

특별 게스트로 핏블리 부천점 매니저님와 트레이너 선생님과 함께 타락 먹방을 했다. 같은 회사에 있지만 실제로 얼굴을 보거나 말을 한 적은 별로 없다. 업무와 관련된 얘기만 하는 성향이 있어 더더욱 그런 것 같다. 이번 기회 덕분에 조금 친해진 것 같다. 물론 내 생각이다. 하하하. 좋은 대표가 되고 싶다.

이제부터 주말은 무조건 타락 먹방 예정이다. 농담이 아니라 진심으로 나는 타락헬창이다.

오늘의 타락 일기 끝.

2020년 10월 25일

오늘은 살면서 처음으로 돼지후라이드를 먹었다. 이미 맛있는 돼지고기를 튀기다니…. 세상엔 맛 천재 선배님들이 참 많다. '로드락후라이드' 선배님은 부천점에서 오 분 거리에 있기도 하고, 또 이번 년도에 사업을 시작해서 나랑 처지가 같다는 생각에 더더욱 응원하게 된다.

지금까지 매주 일요일 먹방 후 인바디를 했지만 오늘은 안 했다. 이번 주는 여러 방송 촬영 스케줄 때문에 운동을 나흘밖에 못했다. 그래서 자신이 없었다. 다음 주는 진짜 열심히 해서 백 점 넘는 모습, 선배님한테 보여드려야지. 먹방 도중에 외국에서 돈 없어서 다른 사람이 남긴 음식 몰래 먹었던 시절 얘기를 했다. 지금 이렇게 맛있는 음식을 실컷 먹는 내 자신을 보면, 참 열심히 살아왔구나, 많이 컸구나 하는 생각이 든다.

나는 지금까지 삶을 최선을 다해 살아왔다고 당당하게 말할 수 있다. 먹고 싶은 걸 절제하고 술자리에 어울리는 대신 헬스장에서 운동하고, 게임 대신 생리학 공부를 하고, 금전적으로 자유롭기 위해 사업 구상을 6년 넘게 준비하는 등 하루하루를 열심히 살아왔다. 그래서 한때는 노력하지 않는 사람을 보며 한심하다 생각하고 함부로 평가하고 내심 무시했다. 하지만 이것 또한 나의 오만함이란 사실을 알게 됐다. 누구나 환경과 상황이라는 게 있다. 부모님이 없거나 큰 병에 걸렸거나 당장 갚아야 할 빚이 있다거나….

내가 힘들었던 건 어떻게 보면 다른 사람의 상황에 비해선 아무것도 아니었다. 이런 '상황'의 중요성을 알게 된 후로 조금이나마 공평한 출발선을 만들어주고 싶다는 마음으로 소년·소녀 가장 친구들을 생각하며 살고 있다. 내가 만약 부모님이 안 계셨다면 과연 이렇게 공부하고, 운동하고, 외국에 나갈 수 있었을까?

나는 늘 겸손하려 노력할 것이다. 누구도 남을 그 사람보다 잘 알 수 없기에 남을 함부로 평가하고 판단하지 않을 것이다. 요즘 많은 사람들이 서로를 비난하는 경우를 자주 본다. 단편적인 측면만 보고 남을 헐뜯지 말고 생각과 추측은 나 혼자 마음속으로 하자. 그리고 중요한 건, 어느 누구도 감히 남을 함부로 평가할 자격은 없다는 것.

다음 주엔… 뭐 먹지?

오늘의 타락 일기 끝.

2020년 11월 1일

오늘은 인생 첫 '앙버터 치즈볼'을 먹었다. 이거 만든 선배님 보너스 드려야 한다. 단당류를 포화지방 가득한 기름에 튀겨 이미 맛있는 겉면, 안쪽은 포화지방 맛 듬뿍 담긴 앙버터…. 그리고 팥의 조합. 마치 스쿼트를 하려고 헬스장에 갔는데 이전 사람이 내가 하려던 스쿼트 무게를 끼워놓고 가서 이득 본 것 같은 기분이었다. 그리고 통다리 치킨이란 걸 먹었는데, 이건 통다리가 아니라 '닭벅지'였다. 닭다리라 부르지 말고 닭벅지라 불러야 한다. 여러 치킨집 선배님 메뉴 중 닭벅지가 많이 있던데 닭벅지 특집을 준비해봐야겠다.

디저트로 선배님이 계속 추천해주셨던 스타벅스 '친환경 화분 케이크'를 먹었다. 대기업 맛이었다. 짜릿했다. 탄수화물 맛집 CJ 선배님의 아이스박스 케이크와 견줄 수 있는 엄청난 녀석이었다. 친환경 기업 스타벅스 선배님… 디저트 맛집 기억해야겠다.

선배님들 덕분에 여러 대학교 축제와 행사, 강연 그리고 방송으로 바쁜 나날을 보내고 있다. 앞으로 주말마다 타락 먹방 라이브 방송을 하긴 힘들겠지만 녹화 방송으로라도 열심히 타락 콘텐츠를 만들어서 업로드할 예정이다. 그리고 부캐인 핏블리를 통해 지방 패딩을 조금 걷어낼 수 있도록 운동 영상도 열심히 올리려 한다.

선배님 덕분에 더욱 동그래지고 통통해진 BJ치즈볼, 열심히 굴러갈 예정이다. 대굴대굴.

오늘의 타락 일기 끝.

2020년 11월 8일

　오늘은 위기를 기회로 만든 기념으로 가난할 때 꼭 먹어보고 싶었던 회를 배불리 먹었다. 외국에서 초밥집 아르바이트할 때 초에 절인 남은 밥을 안 버리고 통에 담아 매일 먹으며 생존했다. 초밥을 위한 밥을 짓고 나면 누룽지가 생기는데 그 누룽지도 매일 챙겨서 끼니를 때웠다. 그땐 초에 절인 밥을 하도 많이 먹어서 입에서 항상 초 냄새가 났고, 누룽지를 하도 먹어서 이가 부러질 것 같은 통증을 느꼈다. 그게 불과 3, 4년 전이라 먹고 싶은 음식을 돈 주고 사 먹을 수 있는 지금이 사실 실감이 잘 나지 않을 때가 있다.

　돈이 넉넉한 적이 없어 검소함이 몸에 뱄고 여유가 생긴 뒤에도 자동차나 명품을 사본 적이 없다. 나는 지금까지 자가용이 없다. 나는 그저 지금 돈 걱정 없이 먹고 싶은 것 먹고, 하고 싶은 것을 할 수 있는 게 너무나 행복하다. 이 '행복'이 얼마나 소중한지 누구보다 잘 알기에, 이런 '행복'을 누구보다 잘 즐기고 있는 것인지 모르겠다.

　누구나 이루고 싶은 꿈이 있을 것이다. 나는 꼭 말해주고 싶다. 꿈만 꾸지 말고 꿈을 이루라고, 상상만 하지 말고 실현시키라고. 나는 여러분을 응원한다.

　오늘의 타락 일기 끝.

2020년 11월 15일

　　오늘은 헬스인 친구를 한명 더 타락시켰다. 피자에땅 치즈폭탄 피자와 아이스박스를 전도했다. 헬스인 친구는 피자를 먹을 땐 맛있어 했고, 아이스박스를 먹을 땐 놀라워했다. 알지, 알지… 그 마음 알지. 헬스인들이 먹어본 쿠키앤크림 맛은 고작 단백질 바 형태로 만드는 쿠키앤크림 '맛'이기 때문이다. 오늘 헬스인 친구는 자신이 피자를 언제 마지막으로 먹었는지 기억하지도 못했다. 치즈볼은 오늘 처음 먹어봤다고 했으며 아이스박스는 뭔지도 몰랐다고 했다. 마치 두 달 전 나를 보는 것 같았다.

　　세상엔 아직 순수한 헬스인들이 많다. 선배님들은 내가 치즈볼을 처음 먹었다는 사실을 신기해하지만, 헬스인 세계에서는 치즈볼을 먹은 사람을 신기해한다. 실제로 치즈볼을 안 먹어본 헬스인들이 진짜 많다. 타락 전도사로 열심히 활동해야겠다.

　　오늘 키다리형 선배님과 함께 타락해서 즐겁고 뜻깊은 하루였다. 다음은… 누굴 타락시키지?

　　오늘의 타락 일기 끝.

2020년 11월 29일

　요즘 매일 아침 다시 시작된 '코로나 확진자 수' 체크⋯. 하루하루 피 말리는 장기전이 다시 시작됐다. 누군가에게 책임을 묻고 대체 왜 나에게 이런 힘든 시간을 주냐며 불평불만을 쏟아내고 싶지만⋯.

　겪어 보니 그런다 한들 변하는 건 아무것도 없더라. 불평불만을 터트릴수록 힘든 사람은 나일뿐. 이럴 때일수록 변수와 변화를 받아들이고 지금 할 수 있는 최선을 하는 것이 나를 위한, 그리고 다른 사람을 위한 일이더라. 남과 비교하며 자신의 상황을 위로하지도 말고, 남을 탓하며 불평하지 않으며, 현재 할 수 있는 최선을 하려 한다. 그게 무엇이든 말이지.

　"부정적인 생각이 상황을 바꿔준다면 나는 부정적인 사람이었을 것이다. 하지만 현실은 그렇지 않기에 나는 긍정적인 사람이 되기로 했다." -BJ치즈볼

　오늘의 타락 일기 끝.


2020년 12월 8일

　오늘부터 고위험 시설인 실내체육시설 집합금지 행정명령 시행으로 3주간 영업이 정지된다. 벌써 세 번째 영업 정지지만 조금도,

아주 조금도 적응이 된다거나 담담해지지 않는다. 한국에 오자마자 유튜브를 하고 헬스장을 시작한 건 수익도 수익이지만 극단적인 다이어트나 다이어트 상술을 이용한 제품 그리고 스테로이드 남용 등 헬스계의 고질적인 문제 해결에 기여하고 싶었던 이유가 가장 컸다. 특히 자격증이나 전문 지식 없이 단지 돈을 목적으로 트레이너를 한다거나, 교묘한 계약서로 금전적 이득을 취하는 헬스장들…. 트레이너를 4대보험이나 퇴직금을 보장하는 직장인으로 대우하기는 커녕 헬스장 홍보에만 이용하는 이 시장을 개선하고 싶었다. 그래서 헬스장을 열었는데 요즘은 회의감만 가득하다. 불가항력적인 환경으로 한순간에 모든 게 우르르 무너지는 걸 지켜보는 마음이….

나는 천만다행히 유튜브 수입으로 3주는 버틸 수 있지만 헬스장만 운영하는 자영업자와 학원 원장님, 노래방 사장님, 옷가게 사장님, 커피숍 사장님…. 그리고 개인 사업자로 일하는 스피닝 강사님, 요가 강사님, 학원 강사님, 경호원님, 행사 진행원님 등등…. 당장 하루 일을 쉬면 생활에 타격이 오는 수많은 사람들은 어떻게 살아야 하는 걸까?

누군가에겐 단순히 '불편한 상황'일 수 있는 지금이 또 다른 누군가에겐 '목숨이 걸린 상황'일 수 있다. 나만해도 2차 위기 땐…. 부정적인 말은 삼가야지. 서로 조금씩 양보하고 배려해 누군가에겐 지금이 '목숨이 걸린 상황'임을 알아주고 모두가 빠짐없이 코로나 종식에 동참하길 바라는 마음이다.

오늘의 타락일기 끝.

2020년 12월 13일

난생처음으로 곱창전골을 먹었다. 전자
레인지에 닭가슴살 돌리고 나오는 국물도
안 먹는 내가 곱창전골이라니…. 어느덧 체
중은 10킬로그램이 증가해 94킬로그램…. 곧 100킬로그램을 달성
할 것 같다. 365일 중 300일은 운동을 하지만, 이번 연도는 운동을
많이 건너뛰었다. 코로나19로 영업 정지를 당해보니 문 닫아도 매
일 나가는 월세와 인건비, 대출이자, 고정비 등등 지출 목록을 생각
하면 운동이고 밥이고 생각도 안 난다.

근 손실과 체지방 증가라니…. 이젠 정말 '타락헬창'을 넘어 '파
워타락헬창'이 되었다. 이 '분노'를 방출할 수 있는 '대상'이 없다. 누
구에게 이 '분노'를 쏟아내야 할까? 아무리 생각해도 '대상'이 없다.
그래서 나는 이 '분노'를 원동력으로 삼기로 했다. 내 분노를 활활
불태워 이 위기를 이겨내고, 아니 오히려 이용해 당당히 성공할 거
다. 마치 화력발전소처럼, 용광로처럼 불태워버릴 거다.

오늘의 타락 일기 끝.

# 핏블리가 알려주는 회개의 지름길

음식을 먹는 일의 기쁨을 실컷 맛봤는가. 타락의 쾌감에 빠져 있다가 어느 순간 체중계에서 처음 보는 숫자를 마주했는가. 그렇다면 이제 회개의 시간을 가져야 할 때. 어렵고 고통스러울 거라 지레 겁먹지 말지어다. 음식과 함께하는 쾌락만큼이나 회개의 순간에도 즐거움이 있다. 체력을 키우면 정신이 맑아지고, 몸이 가벼워지면 의욕이 솟는다. 회개에 돌입하기에 앞서 자신의 상태를 진단해보고 핏블리가 알려주는 맞춤 운동법을 차근차근 따라가 보자.

# 회개 전 몸풀기

**내게 맞는 운동법을 찾아라!**

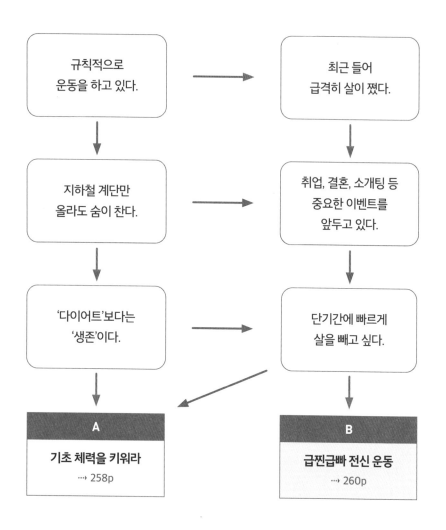

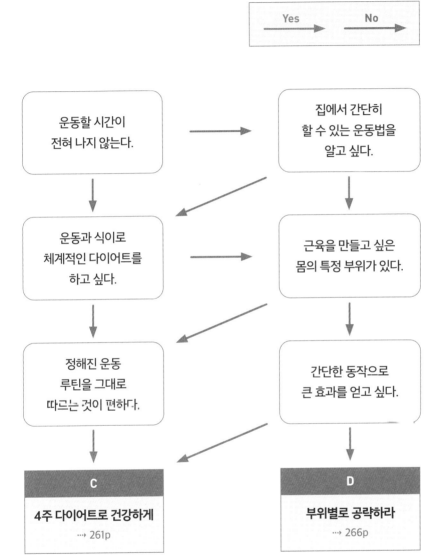

운동할 시간이
전혀 나지 않는다.

집에서 간단히
할 수 있는 운동법을
알고 싶다.

운동과 식이로
체계적인 다이어트를
하고 싶다.

근육을 만들고 싶은
몸의 특정 부위가 있다.

정해진 운동
루틴을 그대로
따르는 것이 편하다.

간단한 동작으로
큰 효과를 얻고 싶다.

**C**

**4주 다이어트로 건강하게**
⋯▸ 261p

**D**

**부위별로 공략하라**
⋯▸ 266p

## A. 기초 체력을 키워라

초보도 쉽게 따라 할 수 있는 12분 타바타 운동으로 기초 체력을 키우자. 총 네 가지 동작을 1분씩 3세트 반복한다. 매일 빠트리지 않고 꾸준히 하면 어느 순간 계단을 올라도 숨이 가쁘지 않은 자신을 발견하게 될 것이다.

### 첫 번째 동작 : 스탠딩 사이드 스텝 로우

- 제자리에 서서 왼발을 왼쪽 방향으로 천천히 옮긴 후 오른발을 왼발 옆으로 당겨온다.
- 반대로 오른발을 오른쪽으로 옮긴 후 왼발을 오른발 옆으로 당겨온다.
- 양팔은 앞으로 뻗었다가 당기면서 발의 움직임에 맞춘다.
- 동작을 1분간 반복한다.

### 두 번째 동작 : 사이드 스텝 점핑잭

- 똑바로 서서 두 손을 가슴 앞에서 모은다.
- 엉덩이를 약간 낮춘 뒤 왼발을 왼쪽 방향으로 크게 벌려 옮겨가면서 오른발을 당겨온다.

– 한 발 더 왼쪽으로 옮겨가며 오른발을 당겨온 후에 손을 위로 올리
며 뛰어오른다.
– 착지하고 오른쪽 방향으로 똑같이 움직인 후 다시 손을 들어올리
며 공중으로 뛰어오른다.
– 동작을 1분간 반복한다.

## 세 번째 동작 : 사이드 런지

– 차렷 자세로 선 뒤 다리를 어깨보다 약간 더 넓게 벌린다.
– 두 손을 가슴 앞에 모은 채 상체를 자연스럽게 숙이면서 몸의 중심
을 오른쪽으로 이동해 오른쪽 무릎을 구부려 깊게 앉는다.
– 고관절 부위를 늘려준다는 느낌으로 엉덩이까지 같이 움직인다.
– 일어서서 반대쪽도 실시한다.
– 동작을 1분간 반복한다.

## 네 번째 동작 : 푸시업 포지션 숄더 탭 터치

– 푸시업 자세를 취하고 복부, 허리, 엉덩이에 힘을 준다.
– 한쪽 손을 떼 반대쪽 어깨를 터치한 후 다시 손을 원래 자리에 짚
는다.
– 다른 쪽 손도 마찬가지로 실시한다.

– 골반의 수평을 유지한 채 양쪽을 번갈아가며 진행한다.

– 동작을 1분간 반복한다.

## B. 급찐급빠 전신 운동

급하게 찐 살은 급하게 빼야 하는 법. 전신을 불태워 군살을 빠르게 떨쳐버리자. 총 네 가지 동작을 3세트 반복, 12분 동안 진행하고 한 동작이 끝나면 1분간 브레이크 타임을 갖는다.

### 첫 번째 동작 : 파닥파닥

– 하체는 스쿼트 자세를 유지한 채 양팔을 옆으로 벌리고 팔을 말 그 대로 파닥파닥 올렸다 내린다.

– 스쿼트 자세를 유지해 하체를 단련하고 팔을 움직이면서 어깨 근 육을 키운다.

### 두 번째 동작 : ↘↙↗↖

– 몸을 오른쪽으로 이동하면서 양팔을 5시 방향으로 보낸다.

– 몸을 왼쪽으로 이동하면서 양팔을 7시 방향으로 보낸다.

– 몸을 오른쪽으로 이동하면서 양팔을 1시 방향으로 보낸다.

– 몸을 왼쪽으로 이동하면서 양팔을 11시 방향으로 보낸다.

### 세 번째 동작 : 토 터치 Toe Touch

– 스쿼트를 하면서 왼팔은 지면을 향해 내려 뻗고 오른팔은 하늘을
향해 올린다.

– 시선은 오른팔을 따라 하늘을 본다.

– 양쪽을 번갈아 하며 1분간 진행한다.

### 네 번째 동작 : 요 디제이 펌프 디스 파티 Yo DJ PUMP THIS PARTY

– 한쪽 다리를 올리고 시선도 같이 따라가면서 머리를 숙여서 복근
을 수축한다.

– 1분 동안 진행한다.

## C. 4주 다이어트로 건강하게

요요도 방지하고 일상생활에도 무리가 가지 않게 천천히 살을 빼거
나 체력을 키우고 싶다면 4주 다이어트를 추천한다. 4주는 길고도

짧은 시간. 계획표대로 따라 하다 보면 한 달 전과는 다른 나를 발견하게 될 것이다. 식단은 다이어트 식단을 지켜도 좋고 일반 식단에서 군것질과 자극적인 음식만 피하기만 해도 괜찮다. 자세한 운동 동작은 큐알코드로 영상을 통해 만나보자.

## 1주차 운동 루틴(주3회)

| | | |
|---|---|---|
| 하체 | • 스쿼트 5세트 (15/12/12/12/12개씩)<br>• 런지 4세트 (12/12/12/12개씩)<br>• 와이드 스쿼트 4세트 (12/12/12/12개씩)<br>• 파워 레그 프레스 4세트 (12/12/12/12개씩)<br>• 유산소 30분 | 총 13세트<br>1시간 근육운동 +<br>30분 유산소 루틴 |
| 가슴·어깨 | • 인클라인 체스트 프레스 5세트 (15/12/12/12/12개씩)<br>• 플랫 벤치 프레스 4세트 (12/12/12/12개씩)<br>• 덤벨 숄더 프레스 4세트 (12/12/12/12개씩)<br>• 유산소 30분 | 총 17세트<br>1시간 근육운동 +<br>30분 유산소 루틴 |
| 등·이두 | • 데드리프트 5세트 (15/12/12/12/12개씩)<br>• 랫풀다운 4세트 (12/12/12/12개씩)<br>• 백 익스텐션 4세트 (12/12/12/12개씩)<br>• 바이셉스 컬 4세트 (12/12/12/12개씩)<br>• 유산소 30분 | 총 17세트<br>1시간 근육운동 +<br>30분 유산소 루틴 |

## 2주차 운동 루틴 (주4회)

| 하체 | • 런지 5세트 (15/12/12/12/12개씩)<br>• 스쿼트 4세트 (15/15/15/15개씩)<br>• 레그컬 4세트 (15/15/15/15개씩)<br>• 스티프 데드리프트 4세트 (15/15/15/15개씩)<br>• 유산소 30분 | 총 17세트<br>1시간 근육운동 +<br>30분 유산소 루틴<br>※허벅지 앞뒤 밸런<br>스가 포인트 |
|---|---|---|
| 가슴·어깨·삼두 | • 인클라인 체스트 프레스 5세트 (15/12/12/12/12개씩)<br>• 체스트 프레스머신 4세트 (15/12/12/12개씩)<br>• 프론트 레이즈 4세트 (15/15/15/15개씩)<br>• 케이블 푸시다운(로프) 4세트 (15/15/15/15개씩)<br>• 유산소 30분 | 총 17세트<br>1시간 근육운동 +<br>30분 유산소 루틴<br>※삼두가 충분히<br>자극되는 게 포인트 |
| 등 | • 랫풀다운(오버 그립) 5세트 (15/12/12/12/12개씩)<br>• 랫풀다운(언더 그립) 4세트 (12/12/12/12개씩)<br>• 케이블 로우 4세트 (12/12/12/12개씩)<br>• 백 익스텐션 4세트 (12/12/12/12개씩)<br>• 유산소 30분 | 총 17세트<br>1시간 근육운동 +<br>30분 유산소 루틴<br>※등 안쪽과 바깥쪽이<br>자극되는 게 포인트 |
| 엉덩이 | • 윈 레그 힙 쓰러스트 5세트 (15/12/12/12/12개씩)<br>• 힙 쓰러스트 4세트 (12/12/12/12개씩)<br>• 원 레그 데드리프트 4세트 (12/12/12/12개씩)<br>• 덤벨 루마니안 데드리프트 4세트 (12/12/12/12개씩)<br>• 유산소 30분 | 총 17세트<br>1시간 근육운동 +<br>30분 유산소 루틴<br>※엉덩이와 허벅지<br>뒤쪽이 자극되는 게<br>포인트 |

# 3주차 운동 루틴 (주5회)

| 하체 | • 핵 스쿼트 5세트 (20/15/15/15/15개씩)<br>• 스쿼트(스미스머신) 4세트 (12/12/12/12개씩)<br>• 런지(스미스머신) 4세트 (12/12/12/12개씩)<br>• 사이드 런지 4세트 (15/15/15/15개씩)<br>• 유산소 30분 | 총 17세트<br>1시간 근육운동 +<br>30분 유산소 루틴<br>※허벅지와 힙까지<br>자극되는 게 포인트 |
|---|---|---|
| 가슴 | • 인클라인 체스트 프레스 5세트 (15/12/12/12/12개씩)<br>• 체스트 프레스(덤벨) 4세트 (15/12/12/12개씩)<br>• 체스트 프레스(머신) 4세트 (12/12/12/12개씩)<br>• 스탠딩 플라이 4세트 (15/15/15/15개씩)<br>• 유산소 30분 | 총 17세트<br>1시간 근육운동 +<br>30분 유산소 루틴<br>※가슴과 삼두가 자<br>극되는 게 포인트 |
| 등 | • 시티드로우 5세트 (15/12/12/12/12개씩)<br>• 랫풀다운 4세트 (12/12/12/12개씩)<br>• 원암 덤벨 로우 4세트 (12/12/12/12개씩)<br>• 데드리프트 4세트 (12/12/12/12개씩)<br>• 유산소 30분 | 총 17세트<br>1시간 근육운동 +<br>30분 유산소 루틴<br>※등 전체가 자극되<br>는 게 포인트 |
| 어깨 | • 숄더 프레스(스미스머신) 5세트 (15/12/12/12/12개씩)<br>• 덤벨 숄더 프레스 4세트 (12/12/12/12개씩)<br>• 래터럴 레이즈 4세트 (12/12/12/12개씩)<br>• 벤트 오버 래터럴 레이즈 4세트 (12/12/12/12개씩)<br>• 유산소 30분 | 총 17세트<br>1시간 근육운동 +<br>30분 유산소 루틴<br>※측면·후면 어깨가<br>자극되는 게 포인트 |
| 엉덩이 | • 힙 어브덕션 5세트 (15/12/12/12/12개씩)<br>• 덩키킥 4세트 (12/12/12/12개씩) | 총 17세트<br>1시간 근육운동 + |

| 엉덩이 | • 원 레그 데드리프트 4세트 (12/12/12/12개씩)<br>• 스티프 데드리프트(덤벨) 4세트 (12/12/12/12개씩)<br>• 유산소 30분 | 30분 유산소 루틴<br>※엉덩이와 허벅지<br>뒤쪽이 자극되는 게<br>포인트 |

## 4주차 운동 루틴(주5회)

| 하체 | • 와이드 스쿼트(덤벨) 5세트 (20/15/15/15/15개씩)<br>• 파워 레그프레스 4세트 (12/12/12/12개씩)<br>• 워킹 런지 4세트 (12/12/12/12개씩)<br>• 스쿼트 4세트 (15/15/15/15개씩)<br>• 유산소 30분 | 총 17세트<br>1시간 근육운동 +<br>30분 유산소 루틴<br>※허벅지 안쪽까지<br>자극되는 게 포인트 |
| 가슴 | • 인클라인 체스트 프레스 5세트 (15/12/12/12/12개씩)<br>• 플랫 체스트 프레스 4세트 (15/12/12/12개씩)<br>• 체스트 프레스(머신) 4세트 (12/12/12/12개씩)<br>• 플랭크 푸시업 4세트 (15/15/15/15개씩)<br>• 유산소 30분 | 총 17세트<br>1시간 근육운동 +<br>30분 유산소 루틴<br>※가슴과 삼두가<br>자극되는 게 포인트 |
| 등 | • 데드리프트 5세트 (15/12/12/12/12개씩)<br>• 바벨 로우(스미스머신) 4세트 (12/12/12/12개씩)<br>• 랫풀다운 4세트 (12/12/12/12개씩)<br>• 케이블 로우 4세트 (12/12/12/12개씩)<br>• 유산소 30분 | 총 17세트<br>1시간 근육운동 +<br>30분 유산소 루틴<br>※기립근까지 자극<br>되는 게 포인트 |

| 어깨 | • 비하인드 넥 숄더 프레스 5세트 (15/12/12/12/12개씩)<br>• 덤벨 숄더 프레스 4세트 (12/12/12/12개씩)<br>• 래터럴 레이즈 4세트 (12/12/12/12개씩)<br>• 프론트 레이즈 4세트 (12/12/12/12개씩)<br>• 유산소 30분 | 총 17세트<br>1시간 근육운동 +<br>30분 유산소 루틴<br>※측면·전면 어깨가<br>자극되는 게 포인트 |
|---|---|---|
| 엉덩이 | • 원 레그 힙 쓰러스트 (15/12/12/12/12개씩)<br>• 힙 쓰러스트 4세트 (12/12/12/12개씩)<br>• 덩키킥 4세트 (12/12/12/12개씩)<br>• 덤벨 루마니안 데드리프트 4세트 (12/12/12/12개씩)<br>• 유산소 30분 | 총 17세트<br>1시간 근육운동 +<br>30분 유산소 루틴<br>※엉덩이와 허벅지<br>뒤쪽이 자극되는 게<br>포인트 |

# D. 부위별로 공략하라

'백 명의 사람이 있다면 백 명의 운동법이 있다.' 비슷해 보여도 모든 사람의 신체는 다르다. 자신의 신체에서 약한 부분을 파악하고 그 부위를 집중적으로 훈련하면 더 강하고 튼튼한 신체 밸런스를 유지할 수 있다.

## 복근

플랭크 잭

– 플랭크 자세에서 다리를 먼저 모았다가 점프하면서 다리를 벌리고 다시 모은다.

– 이 동작을 20개 정도 한다.

※ 허리를 항상 아래로 말아 내려가지 않게 한다. 항상 몸을 만다는 느낌을 유지하면서 배에 힘을 준 상태에서 머무른다. 발을 좀 넓게 벌렸다가 모으는 것을 반복하면 더 높은 운동 효과를 볼 수 있다.


## 엉덩이

힙 쓰러스트

– 평평한 벤치를 가져와서 날개뼈를 벤치 끄트머리에 밀착시킨다.

– 다리는 무릎을 굽혀 몸 쪽으로 바짝 붙인다.

– 한쪽 다리를 쭉 펴면서 엉덩이 힘으로 다리를 올린다. 반대쪽도 마찬가지로 진행한다.

※ 턱을 당겨 목이 아프지 않게 손을 머리 뒤쪽에서 깍지 끼는 것도 좋다.

※ 배에 힘을 줘 코어를 유지한다.

## 허벅지

딥 스쿼트

- 다리를 어깨너비보다 넓게 벌리고 발끝은 바깥쪽을 향하게 한다.
- 허리를 편 상태로 고관절을 뒤로 접어서 엉덩이가 이완이 되게 앉는다.
- 앉을 때 무릎이 안으로 모이지 않게 진행한다.

※ 허리와 배에 힘을 줘 코어를 유지한다.

## 어깨

1. 프론트 레이즈

- 팔꿈치를 살짝 구부린 상태에서 무게중심을 앞꿈치에 두고 올릴 땐 호흡을 뱉고 내릴 때 마신다.
- 올릴 때 높이는 눈높이까지 올린다.

2. 사이드 래터럴 레이즈

- 팔꿈치를 살짝 구부리고 올릴 때 호흡을 뱉고 내릴 때 마신다.
- 엄지를 살짝 아래로 내려 어깨 측면에 무게가 실리도록 한다.
- 어깨높이보다 높게 올라가면 승모근이 사용되므로 주의한다.

## 3. 벤트 오버 래터럴 레이즈

- 벤치에 앉아 배와 허벅지를 밀착시킨다.
- 올릴 땐 견갑골(날개뼈)를 접지 말고 고정한 상태에서 어깨 후면을 올린다.
- 올릴 때 숨을 내쉬고 내릴 때 숨을 들이쉰다.

# 원하는 몸을 만들려면 잘 먹어야 한다

단·탄·지의 모든 것

## GUIDE

다이어트 식단을 구성하기 위해선 본인의 키와 몸무게, 활동량, 기초대사량을 정확히 알아야 한다. 몸무게가 똑같이 50킬로그램인 사람이라도 한 사람은 기초대사량이 1,300칼로리일 수도 있고 다른 사람은 1,800칼로리일 수도 있다. 이유는 근육량 차이! 사람마다 근육량과 체지방량이 다르기 때문에 가장 좋은 방법은 체성분 검사를 통해 본인의 근육량과 지방량을 알고, 기초대사량을 인지한 상태에서 식단을 구성하는 게 가장 좋다.

근육 1킬로그램은 안정 상태에서 하루 13칼로리의 열량을 소비하고 지방 1킬로그램은 하루 4.5칼로리의 열량을 소비한다. 두 배가 넘는 소비 효율을 갖고 있는 것이다. 누구나 주변에 많이 먹어도 살이 잘 찌지 않는 친구들이 있다. 그들은 근육량이 많아 기초대사량이 높은 사람들이다. 물론 유전적으로 영양소 흡수율이 낮을 수도 있고, 인슐린 민감성에 의한 차이일 수도 있지만 기초대사량 차이가 클 확률이 높다.

굶어서 다이어트를 할 때 체중이 빠르게 줄어드는 이유가 지방과 근육이 같이 빠지기 때문인데 근육이 빠지면 당연히 기초대사량도 같이 줄어든다. 그리고 기초대사량이 줄면 일반식을 먹는 순간 다시 체중이 늘어난다. 요요가 오는 것이다. 그러한 악순환에 빠지면 벗어나기 힘들다. 그러므로 균형 잡힌 식습관과 운동으로 기초대사량을 올려야 요요 없이 다이어트를 할 수 있다. 이 글에서는 식단 구성의 가장 중요한 영양소인 탄수화물, 단백질, 지방의 모든 것을 알려주고자 한다.


## 탄수화물

다이어트의 핵심 탄수화물. 많은 사람들이 다이어트를 할 때 탄수화물을 줄이고 단백질 섭취를 늘려야 한다고 생각하는데 이는 잘못된 생각이다. 탄수화물은 다이어트에서 매우 중요한 성분이다. 탄수화물이 있어야만 지방이 연소되기 때문이다. 이를 테면 탄수화물은 장작과 같다. 장작이 있어야 불을 태우듯이 탄수화물이 있어야 지방을 불태울 수 있다. 다만 탄수화물을 선택할 때 단당류보단 복합당류를 선택해야 한다. 단당류는 우리가 흔히 알고 있는 설탕류로, 초콜릿이나 아이스크림, 우유 등에 들어 있으며 흡수가 빠르다. 흡수가 빠르다는 건 그만큼 지방으로 전환될 수 있는 확률이 높다는 뜻이다. 사람 몸은 탄수화물을 저장할 수 있는 양이 정해져 있기 때문에 그 이상을 섭취하면 지방으로 저장하게 된다. 배출하는 게 아니라 지방으로 축적하는 것이다.

반면 복합당, 즉 대표적으로 고구마나 통밀빵, 현미밥 등의 음식은 같은 탄수화물이지만 분자구조가 복잡해 우리 몸에 흡수되는 데 시간이 오래 걸린다. 흡수가 느리다는 건 우리 몸에 탄수화물을 천천히 공급해준다는 뜻이다. 이런 음식은 포만감도 높고 천천히 탄수화물을 공급해주기 때문에 우리 몸에 탄수화물이 과축적돼 지방으로 전환될 확률도 적고, 에너지를 계속 공급해주기 때문에 근 손실의 위험성도 크게 낮아진다. 따라서 다이어트가 목적이든 근육을 키우는 것이 목적이든 복합탄수화물을 전략적으로 먹어야 원하는 몸을 만들 수 있다.

## 단백질

단백질이 다이어트와 근 성장에 중요하다는 사실은 다들 알고 있을 것이다. 다만 문제는, 사람들이 과장 광고 탓에 단백질이 무조건 다이어트 식품이라고 생각하는 것이다. 단백질을 과다하게 먹을 경우, 대표적인 예로 끼니당 닭가슴살을 200그램 이상 섭취하는 사람이라면 주의해야 한다. 간은 단백질 대사의 주요 장기인데 과다 식이 단백질은 탄수화물이나 지방으로 전환되기 때문이다. 단백질을 탄수화물이나 지방처럼 똑같이 많이 먹으면 살이 찌는 것이다. 단백질은 절대 다이어트 식품이 아니다.

또한 고단백질 식사는 과다한 케톤을 생산한다. 혈중 산도를 올리기 때문에 이를 방지하기 위해 우리 몸은 신장을 통해 단백질을 배출시킨다. 따라서 과도한 단백질 식사는 간과 신장에 부담을 준다. 많이 먹어서 좋을 게 하나도 없다.

또 근육을 키우고 싶어 단백질을 과도하게 섭취하는 사람들을 흔히 볼 수 있다. 운동 후 단백질파우더를 마시는 걸로도 부족해 닭가슴살을 추가로 먹곤 하는데 이것도 주의해야 한다. 사람 몸은 그렇게 많은 양의 단백질을 흡수할 수 없다. 오히려 적당량의 복합탄수화물로 운동 시 소비되는 글리코겐을 회복시켜준다면 근 성장에 오히려 도움이 될 것이다.


## 지방

지방은 포화지방과 불포화지방으로 나뉜다. 포화지방과 불포화지방은 수소결합에 따라 차이가 난다. 실온에 액상으로 존재하는 지방은 대부분 불포화지방으로, 분자구조가 단단하지 않아 액상으로밖에 존재할 수 없다. 반면 포화지방은 실온에서 고체 상태다. 대표적인 예로 삼겹살을 먹고 난 후 시간이 지나면 바닥에 하얗게 기름이 굳는 걸 볼 수 있다. 그 기름이 동물성 지방인 포화지방이다. 불포화지방도 고체 형태로 만들 수 있다. 불포화지방에 인위적으로 수소를 첨가하여 만든 게 트랜스지방이다.

우리는 포화지방과 트랜스지방을 조심해야 한다. 높은 칼로리를 갖고 있으면서 혈관에 쌓일 수 있는 지방으로 각종 성인병을 유발하는 나쁜 녀석이다. 단 지방이 무조건 나쁘진 않다는 사실을 알 필요가 있다. 지방은 우리 세포를 구성하는 기본 물질로 없어서는 안 되는 필수적인 성분이다. 근육을 만들 때에도 필요하고 생존을 위해서도 반드시 필요하다.

불포화지방은 체내에 축적될 염려가 적고, 콜레스테롤 수치를 떨어뜨려 혈관 질환을 예방하는 데 도움을 준다. 그러므로 지방을 섭취하려면 불포화지방이 식물성 지방으로 섭취해야 한다. 대표적으로 견과류나 아보카도 등이 식물성 지방이다.

# 위기가 곧 기회다

| | |
|---|---|
| **초판 1쇄 인쇄** | 2021년 6월 23일 |
| **초판 1쇄 발행** | 2021년 6월 30일 |

| | |
|---|---|
| **글** | 핏블리(문석기) |
| **구성** | 스토리베리 |

| | |
|---|---|
| **편집인** | 이기웅 |
| **책임편집** | 주소림 |
| **편집** | 안희주, 김혜영, 양수인, 한의진 |
| **디자인** | MALLYBOOK 최윤선, 정효진 |
| **책임마케팅** | 정재훈, 김서연, 김도연, 김예진 |
| **마케팅** | 유인철 |
| **경영지원** | 김희애, 최선화 |
| **제작** | 제이오 |

| | |
|---|---|
| **펴낸이** | 유귀선 |
| **펴낸곳** | ㈜바이포엠 |
| **출판등록** | 제2020-000145호(2020년 6월 9일) |
| **주소** | 서울시 강남구 테헤란로 332, 에이치제이타워 20층 |
| **이메일** | odr@studioodr.com |

ⓒ 문석기

| | |
|---|---|
| **ISBN** | 979-11-91043-32-7 (03190) |

스튜디오오드리는 ㈜바이포엠의 출판브랜드입니다.